www.ingramcontent.com/pod-product-compliance
Lightning Source LLC
LaVergne TN
LVHW021304080526
838199LV00090B/6011
* 9 7 8 9 3 5 8 7 2 3 1 3 7 *

ہنستے رہیے ہنساتے رہیے

(انشائیے)

مجتبیٰ حسین

© Taemeer Publications LLC

Hanste rahiye Hansaate rahiye *(Humorous Essays)*
by: Mujtaba Hussain
Edition: September '2024
Publisher :
Taemeer Publications LLC (Michigan, USA / Hyderabad, India)

ISBN 978-93-5872-313-7

مصنف یا ناشر کی پیشگی اجازت کے بغیر اس کتاب کا کوئی بھی حصہ کسی بھی شکل میں بشمول ویب سائٹ پر اَپ لوڈنگ کے لیے استعمال نہ کیا جائے۔ نیز اس کتاب پر کسی بھی قسم کے تنازع کو نمٹانے کا اختیار صرف حیدرآباد (تلنگانہ) کی عدلیہ کو ہو گا۔

©تعمیر پبلی کیشنز

کتاب	:	ہنستے رہیے ہنساتے رہیے (انشائیے)
مصنف	:	مجتبیٰ حسین
صنف	:	طنز و مزاح
ناشر	:	تعمیر پبلی کیشنز (حیدرآباد، انڈیا)
سالِ اشاعت	:	۲۰۲۴ء
صفحات	:	۶۸
سرورق ڈیزائن	:	تعمیر ویب ڈیزائن

فہرست

(۱) ذرا عمرِ رفتہ کو آواز دینا	6
(۲) اشیائے ضروریہ اور تشویشِ غیر ضروریہ	13
(۳) قوم کے درد سے گھٹنے کے درد تک	21
(۴) آپ کو کیا تکلیف ہے؟	26
(۵) پتے جو لاپتہ ہو گئے	33
(۶) مشاعروں کو کیا ہو گیا ہے؟	40
(۷) باتیں کتابوں کی	47
(۸) عام آدمی کا خط وزیر اعظم کے نام	54
(۹) انجمن تلفّظِ اردو کا فوری قیام نہایت ضروری	61

ذرا عمر رفتہ کو آواز دینا

حیدر آباد کے روزنامہ "سیاست" نے اپنی عمر کے پینسٹھ (۶۵) برس پورے کر لئے۔ اس بات پر ہمیں چھ دہائی پہلے کا وہ زمانہ کچھ اس طرح یاد آگیا جیسے یہ ابھی کل ہی کی بات ہو۔ حالانکہ اس کے ابتدائی دور سے وابستہ کئی شخصیتیں (بشمول اس کے بانیوں عابد علی خاں اور محبوب حسین جگر کے) اپنی عمریں گزار کر اس دنیا سے رخصت ہو چکے ہیں۔ مجھے یاد ہے کہ "سیاست" کا پہلا شمارہ میں نے حیدر گوڑہ کے اس مکان میں دیکھا تھا جہاں میں جگر صاحب کے ساتھ رہا کرتا تھا۔ میں ان دنوں آٹھویں یا نویں جماعت کا طالب علم تھا مگر علی گڑھ میٹرک کا امتحان دینے کی کوشش میں حیدر آباد میں مقیم تھا۔ "سیاست" کے آغاز کے بعد جگر صاحب کے گھر آنے کا کوئی معمول باقی نہیں رہ گیا تھا کیونکہ "سیاست" کے دفتر میں ہی مشینوں کے برابر ایک پلنگ لگا کر رہنے لگے تھے۔ تاہم کبھی کبھار وہ اچانک گھر چلے آتے تھے اور نہا دھو کر دفتر چلے جاتے تھے۔ کچھ عرصہ بعد میں گلبرگہ چلا گیا

۱۹۵۳ء میں انٹر میڈیٹ کا امتحان کامیاب کر کے گریجویشن کرنے کے ارادہ سے حیدر آباد واپس آیا تو اس وقت تک جگر صاحب نے حیدر گوڑہ کا مکان چھوڑ دیا

تھا اور عابد علی خاں صاحب کے گھر رہنے لگے تھے۔ میں یونیورسٹی سے اکثر شاموں میں "سیاست" کے دفتر چلا آتا تھا۔ بسا اوقات عابد علی خاں صاحب اور جگر صاحب فلموں پر تبصرہ لکھنے کا کام میرے حوالے کر دیتے تھے۔ اس کا فائدہ یہ ہوتا تھا کہ مجھے مفت میں فلمیں دیکھنے کا موقع مل جاتا تھا۔ کبھی کبھار چھوٹی موٹی خبروں کا ترجمہ کرنے کے علاوہ کتابوں پر تبصرہ بھی کر دیا کرتا تھا۔ گریجویشن کے بعد میں باضابطہ طور پر "سیاست" سے وابستہ ہو گیا۔ ۱۹۵۸ء میں میرا تقرر بحیثیت سب ایڈیٹر ہوا تھا اور میری تنخواہ ۱۵۰ روپئے مقرر ہوئی۔ ۱۹۶۲ء تک میں نے "سیاست" میں بحیثیت صحافی باضابطہ طور پر کام کیا، یہ اور بات ہے کہ ۱۹۵۷ء میں جب عابد علی خاں صاحب نے "انتخاب پریس" قائم کیا تو مجھے اس کا بھی انچارج بنا دیا گیا۔ دو چھوٹی چھوٹی ٹریڈل مشینوں اور ٹائپ کے تھوڑے سے ذخیرے کے ساتھ اس پریس کا آغاز ہوا تھا۔ عابد علی خاں صاحب نے پہلے ہی دن کہہ دیا تھا کہ اس پریس سے جو بھی آمدنی ہو گی وہ پریس کی ترقی میں ہی لگائی جائے گی۔ اس پریس کے پہلے جنرل منیجر کی حیثیت سے میں نے چار برس کام کیا اور جب اس ذمہ داری سے سبکدوش ہوا تو اس وقت تک اس پریس میں دو بڑی اور عصری مشینیں (ایک جرمن اور ایک روسی) آچکی تھیں اور اس کا شمار حیدرآباد کے "اے کلاس" پریسوں میں ہونے لگا تھا۔ پریس میں کام کرنے کے علاوہ میں اخبار کا کام بھی کیا کرتا تھا، چنانچہ جولائی ۱۹۶۲ء میں جب "شیشہ و تیشہ" کے کالم نگار شاہد صدیقی کا اچانک انتقال ہوا تو

میں اس رات اخبار کے آخری صفحہ کا انچارج تھا اور غلام حیدر بیرونی صفحہ کے انچارج تھے۔ جب کہ ہاشم سعید نائٹ ایڈیٹر کے فرائض انجام دے رہے تھے۔ مجھے کیا پتہ تھا کہ شاہد صدیقی کے انتقال کی خبر چھاپ کر میں اپنے اندر ایک مزاح نگار کے پیدا ہونے کی خبر بھی ساتھ میں چھاپ رہا ہوں۔ یہ سچ ہے کہ 1962ء کے بعد میری شناخت ایک مزاح نگار کی حیثیت سے ہونے لگی اور بحیثیت صحافی میری شناخت معدوم ہوتی چلی گئی۔ اگرچہ مزاح نگاری اب میری واحد شناخت بن چکی ہے لیکن اپنی زندگی کے ابتدائی دور میں بحیثیت صحافی میں نے چھ سات سال کا جو عرصہ گزارا تھا اس کا ذکر کرنا میں نے ضروری جانا۔ ایک عمر کے بعد آدمی اپنی زندگی کے معاملات کو ڈھنگ سے ترتیب دینا ضروری تصور کرتا ہے۔ آپ نے وہ قصہ تو سنا ہو گا کہ ایک صاحب کے گھر اچانک کچھ مہمان آ گئے تو انہوں نے اپنے پڑوسی کے ہاں سے چارپائی منگوائی کہ میاں تمہارے پاس کوئی فالتو چارپائی ہو تو بھیج دینا۔ اس پر پڑوسی نے معذرت کے انداز میں کہا "بھیا! میرے پاس تو دو ہی چارپائیاں ہیں، ایک پر میں اور میرا بیٹا سو جاتے ہیں اور دوسری پر میری اہلیہ اور بہو سو جاتے ہیں"۔ اتنا سنتے ہی ان صاحب نے پڑوسی سے کہا "میاں! چارپائی نہ دینا چاہتے ہو تو نہ دو، لیکن تم لوگ اپنے گھر میں کم از کم ڈھنگ سے تو سو جایا کرو"۔ بہر حال میں بھی اب عمر کی اس منزل میں ہوں جہاں چارپائی پر ڈھنگ سے سو جانا چاہتا ہوں"۔

اب پچھلا زمانہ یاد آنے لگا ہے تو "سیاست" سے وابستہ کئی شخصیتیں یاد آنے لگی ہیں۔ ایک صاحب تھے شیخ احمد، "سیاست" کے پہلے شمارے کی اشاعت سے لے کر اپنی آخری سانس تک "سیاست" سے وابستہ رہے۔ یہ دفتر کے بل کلکٹر، ہاکر، دفعہ دار، چوکیدار، پیغام رساں، اہلکار، سب کچھ تھے گویا "seven in one" قسم کی چیز تھے۔ ہر دم شیروانی میں ملبوس رہتے تھے (یہ شیروانیاں عابد علی خاں صاحب اور جگر صاحب کی دی ہوئی ہوتی تھیں) اس لئے شیروانی کو کبھی اپنے بدن سے نہیں اتارتے تھے۔ میں نے انہیں کبھی شیروانی کے بغیر نہیں دیکھا بلکہ میرا تو یہاں تک خیال تھا کہ وہ نہاتے وقت بھی غالباً شیروانی کو اپنے بدن سے جدا نہیں ہونے دیتے۔ بے حد مستعد، چاق و چوبند، پھرتیلے اور لپک جھپک والے آدمی تھے۔ رومی ٹوپی بھی پابندی سے پہنا کرتے تھے۔ دفتر کے ہر کام میں وہ دخیل رہتے تھے۔ اشتہار کے بل وصول کر رہے ہیں،

اخبار تقسیم کر رہے ہیں، مہمانوں کو چائے پلا رہے ہیں، اخبار کا کاغذ اٹھا رہے ہیں اور کبھی چوکیداری فرما رہے ہیں۔ کوئی کام ایسا نہ تھا جو وہ انجام نہ دیتے ہوں۔ ان دنوں جگر صاحب کا غصہ اپنے عروج پر تھا جو زیادہ تر شیخ احمد پر ہی اترتا تھا۔ میں اور اسد جعفری شیخ احمد کو "سیاست" کا "شاک ابزاربر" (Shock Absorber) کہا کرتے تھے کیونکہ جگر صاحب کے غصے کا سارا بوجھ اکیلے شیخ احمد ہنسی خوشی اور بحسن و خوبی برداشت کر لیا کرتے تھے۔ جگر صاحب برستے رہتے اور شیخ احمد مسکین

سی صورت بنائے دونوں ہاتھ باندھے چپ چاپ کھڑے رہتے تھے۔ چھوٹا بھائی ہونے کے ناتے بسا اوقات جگر صاحب کا غصہ مجھ پر بھی نازل ہو جاتا تھا لیکن جس صبر و تحمل کے ساتھ شیخ احمد ان کے غصہ کو برداشت کرتے تھے وہ میرے لئے قابل رشک تھا۔ ایک دن میں نے یونہی شیخ احمد سے پوچھ لیا، شیخ احمد تم آخر اتنے اہتمام اور جتن کے ساتھ کس طرح جگر صاحب کا غصہ برداشت کر لیتے ہو؟ شیخ احمد نے کہا "میں ان کی ڈانٹ ڈپٹ کو سنتا ہی کہاں ہوں، جو ان کے غصہ کو برداشت کرنے کا سوال پیدا ہو۔ جیسے ہی وہ ڈانٹنا شروع کرتے ہیں، میں اپنا دھیان کسی اور طرف لگا دیتا ہوں۔ میرا تو کچھ بھی نہیں بگڑتا، البتہ ان کا غصہ یونہی ضائع ہو جاتا ہے۔ پھر جو غصہ وہ مجھ پر اتارتے ہیں اس کا راست تعلق مجھ سے کہاں ہوتا ہے۔ غلطی کوئی کرتا ہے اور ان کا غصہ مجھ پر اترتا ہے۔ انہیں تو اپنا غصہ اتارنے کے لئے ایک آدمی چاہئے اور میں انہیں مل گیا ہوں۔ جس طرح ایک زمانہ میں نوابوں کے پاس چلم بردار اور حقہ بردار ہوا کرتے تھے، اسی طرح میں بھی جگر صاحب کا "غصہ بردار" ہوں۔ یہ تو میری ڈیوٹی ہے۔ اس میں پریشانی کی کیا بات ہے"۔ چنانچہ ہر دوسرے تیسرے دن جگر صاحب دفتر میں سب کے سامنے شیخ احمد کی کلاس لیا کرتے تھے۔ جوں جوں ان کا غصہ بڑھنے لگتا اور جواباً شیخ احمد کی مسکینی اور حلیمی میں اضافہ ہونے لگتا تھا تو عابد علی خاں اچانک اپنی کرسی کے سامنے اخبار کھول کر بیٹھ جاتے تھے اور اخبار کے صفحات کے پیچھے مسکرانے لگ جاتے تھے۔ شیخ احمد کو یہ بھی

اچھی طرح پتہ رہتا تھا کہ جگر صاحب کا غصہ جتنا بڑھے گا بعد میں اس کا صلہ بھی اتنا ہی ملے گا۔

جگر صاحب شام کو گھر جاتے وقت بسا اوقات دن بھر کے غصہ کا معاوضہ شیخ احمد کی شیروانی کی جیب میں ڈال دیا کرتے تھے۔ یہ جگر صاحب کی ادا تھی۔ لیکن شیخ احمد کی ادا بھی کچھ کم نہ تھی۔ ایک مرتبہ جگر صاحب نے پانچ چھ دنوں تک شیخ احمد کو کسی بات پر نہیں ڈانٹا تو شیخ احمد پریشان ہو گئے۔ مجھ سے کہنے لگے "میں جگر صاحب کی وجہ سے فکر مند ہوں۔ خدانخواستہ ان کی صحت تو خراب نہیں ہے۔ کئی دنوں سے مجھے ڈانٹ نہیں پڑی"۔ میں نے کہا "یہ تو اچھی بات ہے کہ تمہیں ڈانٹ نہیں پڑ رہی ہے"۔ بولے "مگر یہ بھی تو سوچیے کہ دو چار دن جگر صاحب مجھے نہ ڈانٹیں تو میری صحت بھی خراب ہو جاتی ہے۔ مجھے تو جگر صاحب سے کہیں زیادہ اپنی صحت کی فکر ہے"۔ یقین مانئے شیخ احمد جتنی زیادہ ڈانٹ کھاتے تھے اتنے ہی زیادہ صحت مند دکھائی دیتے تھے۔ وہ جگر صاحب اور عابد علی خاں صاحب دونوں کے گہرے مزاج داں تھے۔ دونوں کے ذہنوں میں ابھی کوئی بات آتی بھی نہیں تھی کہ شیخ احمد اسے پہلے سے محسوس کر لیتے تھے۔ جیسے چرند اور پرند زلزلہ کے آنے سے پہلے ہی اس کی آمد کو قبل از وقت تاڑ لیتے ہیں۔

"سیاست" سے وابستہ ایسے کتنے ہی کردار ہیں جو اب یاد آنے لگے ہیں۔ جیسے احسن علی مرزا، اسد جعفری، وہاب حیدر، احمد معظم، مصطفی علی اکبر، شاہد صدیقی،

مرزا حیدر حسن، احمد رضا قادری، ٹی این دہار، خورشید علی، منیر الدین (سنگساز) عبد الغفار، عابد حسین، ضمیر الدین (کاتب) وغیرہ۔ ان میں کا ہر کردار ایک الگ مضمون کا طلب گار ہے۔

❋ ❋ ❋

اشیائے ضروریہ اور تشویشِ غیر ضروریہ

پچھلے ہفتہ ہمیں اپنے کالم کے لئے کوئی مناسب موضوع نہ ملا تو ہم نے یوں ہی منہ کا مزہ بدلنے کی خاطر اشیائے ضروریہ کی قیمتوں میں اضافہ کے خلاف حسب استطاعت کچھ لکھ دیا۔ بعد میں یاد آیا کہ اشیاء کی قیمتوں میں اضافہ کا مسئلہ ہمارے لئے کوئی نیا مسئلہ نہیں ہے۔ بلکہ یہ کہا جائے تو بیجا نہ ہو گا کہ یہ مسئلہ تو ہمارا جنم جنم کا ساتھی ہے۔ بہت عرصہ پہلے ہم نے کسی مضمون میں لکھا تھا کہ ہم Daily wage basis پر زندہ رہتے ہیں۔ یعنی ہم یومیہ بنیاد پر کمائی کرتے ہیں اور اس کمائی کی مدد سے ہر روز زندہ رہنے کے لئے چیزیں وغیرہ خرید کر اسے خرچ کر دیتے ہیں بلکہ کبھی کبھی تو ایسا بھی ہوتا تھا کہ ادھر دوپہر کا کھانا کھا کر اچھی طرح ڈکار بھی نہیں لے پاتے تھے کہ رات کے کھانے کی فکر دامن گیر ہو جاتی تھی اور ہم پھر سے زندگی کی دوڑ میں شامل ہو جاتے تھے۔ اس کا فائدہ یہ ہوا کہ ہمیں محنت کرنے کی عادت پڑ گئی اور محنت کے تجربہ کی وجہ سے ہماری اجرت میں کم کم ہی سہی اضافہ ہوتا چلا گیا۔ قیمتوں میں بھاری اضافہ کے باوجود آج بفضل تعالیٰ ہم اس حد تک مطمئن زندگی گزارنے کے قابل ہو گئے ہیں کہ روز کی روٹی کی فکر روز نہیں کرتے بلکہ ایک ہفتہ

خوش اسلوبی کے ساتھ گزر جائے تو اس کے بعد کے ہفتہ کی فکر لاحق ہونے لگتی ہے۔ گویا اب ہم Daily wage basis پر نہیں بلکہ Weekly wage basis پر زندہ رہنے لگے ہیں اور یہ ہفتہ واری سکون اور اطمینان بھی کسے میسر آتا ہے۔

یہ الگ بات ہے کہ آج کی پاگل دنیا میں آدمی سامان سو برس کے جمع کرنا چاہتا ہے اور اسے پل کی خبر نہیں ہوتی۔ اشیاء اور ان کی قیمتوں کا حال جتنا ہم جانتے ہیں اتنا شاید ہی کوئی اور جان سکے۔ اس کی اصل وجہ یہ ہے کہ ہم نے اپنی زندگی کا بڑا حصہ اس صدی میں گزارا ہے جس میں اس دھرتی نے دو عظیم جنگوں کی اذیت اور کرب کو جھیلا بلکہ جب ہمارے شعور نے آنکھیں کھولیں تو دوسری جنگ عظیم اپنے عروج پر تھی۔ پھر ملک کی تقسیم کے نتیجہ میں برپا ہونے والے فسادات کے گھناؤنے پن کو نہ صرف محسوس کیا بلکہ اسے برداشت بھی کیا۔ آج کی مصروف زندگی میں کشاکش روزگار نے ہمیں مہلت ہی نہ دی کہ کبھی پیچھے مڑ کر دیکھ لیتے کہ ہم نے اپنا سفر کہاں سے شروع کیا تھا۔ ہم نے اپنی ابتدائی زندگی چھوٹے قصبوں اور شہروں میں گذاری۔ چھ سال کی عمر میں زندگی میں پہلی بار بجلی کے بلب کو دیکھا۔ کم و بیش اسی عرصہ میں عجیب الخلقت گراموفون اور قد آدم ریڈیو سیٹ کو دیکھا۔ گراموفون پر پہلا جو گیت سنا وہ تھا "تری گٹھری میں لاگا چور مسافر جاگ ذرا"۔ گراموفون ریکارڈ میں ایک جگہ کچھ خرابی پیدا ہوگئی تھی جس کی وجہ سے سوئی ہمیشہ "لاگا چور" پر اٹک جاتی تھی اور جب تک سوئی کو اس جگہ سے ہٹایا نہیں جاتا تھا تب

تک گانے والا "لا گا چور، لا گا چور" کی گردان کرتا رہ جاتا تھا۔ آج ہم سوچتے ہیں تو احساس ہوتا ہے کہ گراموفون ریکارڈ میں یہ خرابی علامتی اعتبار سے نہایت واجبی اور جائز تھی کیونکہ ساری بیسویں صدی میں ہم جیسے مسافر کی گٹھری ہمیشہ چوروں کی دسترس میں رہی۔

چاہے یہ چور تاجر بن کر آئے ہوں، افسر یا سیاستداں بن کر آئے ہوں۔ پھر یہ گراموفون اور قد آدم ریڈیو بھی کہیں غائب ہو گئے اور ان کی جگہ چھوٹے چھوٹے ٹرانزسٹروں اور ریکارڈ پلیئرس نے لے لی۔ دوسری جنگ عظیم کی خبریں ہم اسی قد آدم ریڈیو پر سنا کرتے تھے بلکہ ہیروشیما پر پھینکے گئے دنیا کے پہلے ایٹم بم کی خبر بھی ہم نے اسی کی مدد سے سنی۔ ساٹھ کی دہائی میں ہم پہلی بار لفٹ میں سوار ہوئے اور اپنی خودی کو خود بخود بلند ہوتے دیکھا۔ اسی دہائی میں نہ صرف ٹیلی ویژن کو پہلی بار محدود پیمانہ پر دیکھا بلکہ انسان کو چاند پر کمندیں پھینکتے ہوئے بھی دیکھا۔ غرض چھٹی دہائی کے بعد کمپیوٹر، انٹرنیٹ، موبائل فون اور خلائی سیاروں وغیرہ کی مدد سے ایک طرف تو دنیا کی رفتار تیز ہو گئی اور دوسری طرف ہماری رفتار ماند پڑ گئی بلکہ ہم تو اکیسویں صدی میں لنگڑاتے ہوئے ہی داخل ہوئے۔ چاہے کچھ بھی ہو جس انسان نے بیسویں صدی کے نصف آخر میں زندگی گزاری ہو اس کے بارے میں یہ کہا جا سکتا ہے کہ اس نے اس دھرتی پر کئی صدیوں کی زندگی جی لی ہے۔ ہمیں تو اس کرہ ارض کی تیز رفتاری سے ڈر ہونے لگا ہے۔ جس طرح ایک ہوائی جہاز رن وے پر

تیزی سے دوڑ کر ایک مرحلہ کے بعد فضا میں ٹیک آف کر جاتا ہے اسی طرح ہمیں یہ ڈر ہونے لگا ہے کہ کہیں اکیسویں صدی کے آتے آتے انسان اس دھرتی کو چھوڑ کر خلا میں کسی اور سیارے کی طرف نکل نہ جائے۔

اس وقت تک تو خیر ہم نہیں رہیں گے لیکن ہماری اس مشت خاک کا کیا ہو گا جو اس ویران دھرتی پر رہ جائے گی۔ ہم نے اتنی ساری لمبی تمہید یہ ظاہر کرنے کے لئے باندھی ہے کہ اب اس دھرتی پر خود انسان کی اہمیت کم اور سائنسی آلات اور چیزوں کی اہمیت زیادہ ہو گئی ہے۔ لہذا اسی تناسب سے انسان اور اشیاء کی قدر و قیمت میں بھی کمی و بیشی واقع ہوتی جا رہی ہے۔ اب انسان خود کام کم کرتا ہے اور مشینیں زیادہ کام کرتی ہیں۔ یہی وجہ ہے کہ بیسویں صدی میں انسان کی خصلتوں اور عادتوں میں بھی رفتہ رفتہ تبدیلی واقع ہوتی چلی گئی۔ اسی صدی میں انسان کے ہاتھوں سے صدیوں کے صبر و تحمل اور توکل و قناعت کا دامن چھوٹ گیا۔ اسی عرصہ میں وہ وسیع المشربی، انسانی دوستی، رواداری اور روشن خیالی جیسے انمول جذبوں کی دولت سے محروم ہو گیا اور اس نے تنگ نظری، حرص و ہوس، ظلم و تشدد اور دہشت گردی کے رویوں کو اپنانا شروع کیا۔ دیکھتے ہی دیکھتے انسان اتنا بے توقیر ہو گیا کہ خود اس کی قدر و قیمت دو کوڑی کی نہ رہی۔ ہمارے کہنے کا مطلب یہ ہے کہ جب انسان نے بہ رضا و رغبت خود اپنی قیمت اس قدر گرا لی ہے تو اب اسے بازار میں اشیاء کے بڑھتے داموں کی شکایت کرنے کا کوئی حق نہیں پہنچتا۔

معاف کیجئے اشیاء کی قیمتوں میں اضافہ پر اظہار خیال کرنے کی کوشش میں ہم بھٹک کر انسان اور اس کی انسانیت کی ارزانی تک پہنچ گئے۔ ہمیں وہ دن بھی یاد ہیں جب دوسری جنگ عظیم عروج پر تھی اور بازار میں اجناس کی شدید قلت تھی۔ ہمیں امریکی امداد کے تحت ایسا چاول کھانے کو ملتا تھا جس میں سے ایک عجیب طرح کی ناخوشگوار بو آتی تھی لیکن اس کے باوجود ہم اسے کھانے پر مجبور تھے کیونکہ پیٹ بڑا بدکار ہے۔ پولیس ایکشن سے ذرا پہلے جب سابق ریاست حیدرآباد کی ناکہ بندی کر دی گئی تھی تو ہم کیروسین آئیل کی ایک ایک بوند کے محتاج ہو گئے تھے۔ موم بتیاں بھی عنقا ہو گئی تھیں۔ لہذا ہم اپنی پڑھائی دن میں ہی کر لیا کرتے تھے اور رات کو اپنی روشنی طبع سے کام چلا لیتے تھے۔ آزادی کے فوری بعد ملک میں راشننگ (جسے اردو میں راتب بندی کہا جاتا تھا) نافذ تھی۔ راشن کی دوکانوں کے سامنے چیزوں کی خریدی کے لئے اتنی بھیڑ لگی رہتی تھی کہ لوگ اپنے بچوں کو باری باری سے راشن کی قطار میں کھڑا کر دیتے تھے چنانچہ راشن کی دکانوں کے آگے رات کے پچھلے پہر ہی سے گاہکوں کی قطاریں لگنی شروع ہو جاتی تھیں۔

یہاں تک کہ راشن کی دکان کا مالک خود جب مقررہ وقت پر دکان کھولنے کی غرض سے قطار میں آگے بڑھنے کی کوشش کرتا تو لوگ اسے بھی زبردستی پکڑ کر قطار میں سب سے پیچھے کھڑے ہو جانے کی تلقین کرتے تھے۔ ان دنوں سڑکوں پر آدمی بھی کم ہی چلتے پھرتے دکھائی دیتے تھے کیونکہ آدمی زیادہ تر قطاروں میں

کھڑے ہوئے پائے جاتے تھے۔ عجیب نفسا نفسی کا عالم ہوتا تھا۔ وہ تو اچھا ہوا کہ اس ملک کو رفیع احمد قدوائی جیسا دور اندیش وزیر اغذیہ مل گیا جنہوں نے بڑی سوجھ بوجھ کے ساتھ اچانک راشننگ کو برخاست کر دیا اور ذخیرہ اندوزوں کے ٹھکانوں پر چھاپے مارنے کا سلسلہ شروع کیا۔ اشیاء کی مصنوعی قلت اچانک ختم ہو گئی اور اشیائے ضروریہ کی تقسیم کا نظام بحال ہو گیا۔ اگر رفیع احمد قدوائی نے یہ انقلابی قدم نہ اٹھایا ہوتا تو ہمارا ملک ایک لمبے عرصہ تک قطار میں ہی کھڑا رہ جاتا۔ دوسری طرف ہمارے آج کے وزیر اغذیہ شر دپوار، شکر کی قیمت میں حیرت انگیز اضافہ کو روکنے کے معاملہ میں جہاں اپنے آپ کو بے بس ظاہر کر رہے ہیں وہیں یہ خطرناک اشارہ بھی دے رہے ہیں کہ اب بہت جلد دودھ کی قیمتوں میں بھی اضافہ ہونے والا ہے۔ چنانچہ اب لوگ دودھ کی ذخیرہ اندوزی کرنے کی تیاریاں کر رہے ہیں۔ وزیر اغذیہ کو کم از کم ایسی باتیں کرنے سے گریز کرنا چاہئے۔ اشیائے ضروریہ کی قلت یوں بھی حکومتوں کے لئے بہت خطرناک ہوتی ہے۔ یہ تو آپ جانتے ہی ہیں کہ جب سشما سوراج دہلی کی چیف منسٹر تھیں تو دہلی میں اچانک پیاز بازار سے غائب ہو گئی تھی اور اس کی قیمت میں حیرت انگیز اضافہ ہو گیا تھا۔ چنانچہ دہلی میں بی جے پی کی سرکار صرف پیاز کی قلت کی وجہ سے الیکشن ہار گئی تھی۔ ایک زمانہ میں ہمارے ملک میں ذخیرہ اندوزی کا چلن بہت عام تھا۔ ہمیں یاد ہے کہ کویت پر عراق کے حملہ کے وقت یہ افواہ اڑ گئی تھی کہ اب ملک میں پٹرول کی سخت قلت ہو جائے گی۔ اس

وقت تک ہم موٹر نشین بن گئے تھے۔

اس افواہ نے ہمارے ارکان خاندان کو اتنا ہراساں اور پریشان کیا کہ وہ پٹرول کی ذخیرہ اندوزی کرنے پر مجبور ہو گئے۔ ایک دن ہم چلچلاتی دھوپ میں گھر واپس ہوئے تو پیاس سے ہمارا برا حال تھا۔ جیسے ہی ہم نے اپنی پیاس بجھانے کے لئے ریفریجریٹر کو کھولا تو ہماری اہلیہ نے ہمیں آگاہ کیا کہ ریفریجریٹر میں پانی کی ساری بوتلوں میں پٹرول بھر کر رکھ دیا گیا ہے۔ لہذا ہم کوکا کولا یا کسی اور مشروب کی مدد سے اپنی پیاس بجھانے کی کوشش کریں۔ خیر اب ہمارے سماج میں ذخیرہ اندوزی کا ایسا خطرناک رجحان ختم ہو گیا ہے۔ چیزیں ضرور مل جاتی ہیں۔ یہ الگ بات ہے کہ ان کی قیمتیں اب آسمان سے باتیں کرنے لگی ہیں۔ بہت عرصہ پہلے ہمارے ایک دوست نے ہمارے معاشی نظام کے بارے میں کہا تھا کہ ہمارا معاشی نظام اصل میں "بد معاشی نظام" ہے جس میں ہمارے تاجر سے لے کر ہمارے سیاستدانوں اور حکمرانوں تک کی "بد معاشیاں" شامل رہتی ہیں اور عام آدمی انہیں چپ چاپ برداشت کرتا رہتا ہے۔ دوسری طرف "افراط زر" کی کیفیت نے بھی ہمیں پریشان کر رکھا ہے۔ ہمیں یاد ہے کہ ۱۹۷۲ء میں جب ہم حکومت آندھرا پردیش کے محکمہ اطلاعات سے نکل کر دہلی گئے تھے تو اس وقت ہماری تنخواہ آٹھ سو روپئے تھی۔ دہلی گئے تو ہمیں ۲۰۰۰ روپئے ملنے لگے۔ یہ ضرور ہے کہ NCERT میں ہمیں تین ترقیاں ضرور ملیں اور ان سارے مراحل سے گزرنے کے بعد آج جو ہم وظیفہ

پاتے ہیں اس کی مالیت خود ہماری دہلی کی ابتدائی یافت سے پندرہ گنا زیادہ ہے یعنی تیس ہزار روپے گویا پہلے کام کر کے کم کماتے تھے اور اب کوئی کام نہ کر کے زیادہ کمانے لگے ہیں۔ وہ تو اچھا ہے کہ اب ہم عمر کی اس منزل میں داخل ہو گئے ہیں جہاں آدمی مایا کے جال سے یا تو خود نکل جاتا ہے یا قدرت اسے نکال دیتی ہے۔ لہذا ہم جب اشیائے ضروریہ کے بارے میں اظہار خیال کرتے ہیں تو لوگ اسے ہماری "تشویشِ غیر ضروریہ" سمجھتے ہیں۔

***

قوم کے درد سے گھٹنے کے درد تک

اب یہ کوئی ڈھکی چھپی بات نہیں رہی کہ ہم بھی اسی مرض میں مبتلا ہیں جس میں وزیر اعظم اٹل بہاری واجپائی مبتلا ہیں۔ یہاں ہماری مراد قوم کے درد سے نہیں بلکہ گھٹنوں کے درد سے ہے۔ وزیر اعظم کے بارے میں تو ہم کچھ کہہ نہیں سکتے البتہ اپنے بارے میں یہ ضرور کہہ سکتے ہیں کہ ایک عرصہ تک قوم کے درد نے ہمیں بہت پریشان کئے رکھا۔ لیکن جب گھٹنوں کا درد ہماری ذات میں آہستہ آہستہ بڑھنے لگا تو قوم کا درد پس پشت چلا گیا۔ یوں بھی قوم کا درد اس وقت تک بھلا معلوم ہوتا ہے جب تک آدمی کے جسم میں کوئی اور درد نہ ہو۔ ہمیں نہیں معلوم کہ وزیر اعظم کے گھٹنوں کا درد کتنا پرانا ہے۔ تاہم اتنا جانتے ہیں کہ گھٹنوں کے درد کے معاملہ میں ہم وزیر اعظم سے سینئر ہیں۔ کم از کم پندرہ برسوں سے تو ہم اس درد کو چپ چاپ برداشت کرتے چلے آ رہے ہیں۔ کسی نے پلٹ کر نہیں پوچھا کہ میاں یہ کونسا درد ہے، کس طرح کا درد ہے اور کتنا پرانا درد ہے۔ چنانچہ ہم اکیلے ہی اکیلے اس درد کو خاموشی سے برداشت کرتے رہے۔ کسی کو اس درد کی تفصیلات نہیں بتائیں۔ مگر جب سے وزیر اعظم کے اس درد میں مبتلا ہونے کی اطلاع آئی ہے تب سے یوں لگ

رہا ہے جیسے گھٹنا ہی انسانی جسم کا سب سے اہم ترین عضو ہے۔

ہمیں نہیں معلوم کہ گھٹنے کا شمار انسان کے اعضائے رئیسہ میں ہوتا ہے یا نہیں۔ لیکن اب تو اچھے اچھے اعضائے رئیسہ بھی گھٹنے کے آگے اعضائے غریباں معلوم ہونے لگے ہیں۔ جگہ جگہ گھٹنوں کی تصویریں چھپ رہی ہیں۔ اخباروں میں مضامین چھپ رہے ہیں۔ ٹیلی ویژن والے پروگرام پیش کر رہے ہیں۔ اس مرض کے ماہرین کی قسمت بھی چمک اٹھی ہے۔ کل تک امراض قلب کے ماہرین ہی ٹیلی ویژن پر دکھائی دیتے تھے۔ اب گھٹنے کے درد کے ماہرین کو اتنی بار ٹیلی ویژن پر دکھایا جا رہا ہے کہ بیٹھے بیٹھے ٹیلی ویژن دیکھتے ہوئے اچھے بھلے آدمی کے گھٹنوں میں بھی درد ہونے لگا ہے۔ بعض اخبارات نے وزیر اعظم کی پسندیدہ غذاؤں کی فہرست بھی چھاپ دی ہے۔ اس فہرست کی اشاعت کا مقصد چاہے کچھ بھی رہا ہو لیکن اب عام آدمی ان غذاؤں کے استعمال سے گریز کرنے لگا ہے جنہیں وزیر اعظم استعمال کرتے ہیں۔ محض اس ڈر سے کہ کہیں اسے بھی گھٹنے کا درد لاحق نہ ہو جائے۔ ذرائع ابلاغ کے ساتھ مشکل یہ ہوتی ہے کہ کسی چیز کے پیچھے پڑ جاتے ہیں تو بال کی کھال نکال کر رکھ دیتے ہیں۔ اس مرض کے بارے میں ایسی ایسی غیر متعلق باتیں کہی جا رہی ہیں کہ گھٹنوں کے درد کا ہم جیسا پر انا مریض بھی پریشان ہے کہ یہ سب کیا ہو رہا ہے۔ ماروں گھٹنا پھوٹے آنکھ اسی کو تو کہتے ہیں۔ آپ نے اس بزرگ کا قصہ تو سنا ہو گا جو کسی گاؤں میں اکیلے پڑھے لکھے آدمی سمجھے جاتے تھے۔ ایک بار کسی ضرور تمند

نے آکر ان سے گذارش کی کہ وہ کسی صاحب کے نام خط لکھ دیں۔

بزرگ نے معذرت کی کہ بھیا آج میں آپ کی طرف سے خط نہیں لکھ سکوں گا کیونکہ آج میری ٹانگ میں درد ہے۔ ضرورت مند نے کہا "حضور! مجھے تو آپ کا عذر 'عذر لنگ' لگتا ہے کیونکہ آپ ٹانگ کی مدد سے تو خط نہیں لکھتے۔ ہاتھ سے لکھتے ہیں"۔ اس پر ان بزرگ نے کہا "میاں بات دراصل یہ ہے کہ میں اس گاؤں کا اکیلا پڑھا لکھا آدمی ہوں۔ اگر میں ان صاحب کے نام خط لکھوں گا تو اسے پڑھوانے کے لئے وہ مجھے ہی بلائیں گے اور ٹانگ میں درد کی وجہ سے میں وہاں نہیں جا سکتا۔ ایسے میں مجھ سے خط لکھوانے کا کیا فائدہ"۔ وزیر اعظم کے گھٹنے کے درد کے حوالہ سے اب ایسی ہی کئی غیر ضروری اور غیر متعلق باتیں کی جانے لگی ہیں۔ جب تک ہم گھٹنوں کے درد میں مبتلا رہے کسی نے پلٹ کر نہیں پوچھا کہ یہ کیسا درد ہے۔ اب وزیر اعظم کے گھٹنوں میں درد ہونے لگا ہے تو ساری قوم اس بارے میں پریشان ہے۔ وزیر اعظم کے گھٹنے اور ایک عام آدمی کے گھٹنے میں یہی تو فرق ہے۔ حالانکہ ہم برسوں سے انسانی جسم میں گھٹنوں کی مرکزی اور بنیادی اہمیت سے واقف ہیں۔ دیکھا جائے تو حکومت کو بھی گھٹنوں کی اہمیت کا اندازہ ہونا چاہیئے کیونکہ وہ تو آئے دن امریکہ اور بڑی طاقتوں کے آگے گھٹنے ٹیکتی آئی ہے بلکہ گھٹنے ٹیکنے کے معاملہ میں ہماری حکومت جتنا وسیع تجربہ رکھتی ہے وہ دنیا کی کوئی اور حکومت نہیں رکھتی۔

ٹریڈ یونینیں، تاجر، صنعت کار اور منافع خور تو آئے دن حکومت کو گھٹنے ٹیکنے پر

مجبور کرتے رہتے ہیں لیکن آج تک کسی نے گھٹنوں کی اہمیت کو تسلیم نہیں کیا۔ یہ تو اس مرض کی خوش بختی ہے کہ بالآخر وزیر اعظم اس میں مبتلا ہو گئے ورنہ اس مرض کی خیریت کون پوچھتا۔ یہ ایک اتفاق ہے کہ وزیر اعظم واشنگٹن میں جہاں اپنے گھٹنوں کا چیک اپ کرا رہے ہیں وہاں ہم بھی اپنے گھٹنوں کا معائنہ کروا چکے ہیں۔ امریکی ڈاکٹروں نے ہمارے گھٹنوں کی بُری حالت کو بھانپنے کے بعد کہا تھا "میاں! ہمیں تو تمہارے چلنے اور بعض ایشیائی ملکوں کی سرکاروں کے اب تک چلتے رہنے پر سخت حیرت ہے"۔ سچ تو یہ ہے کہ خود ہمارے ملک کی سرکار کے گھٹنے بھی خراب ہیں اور ایک عرصہ سے ہماری جمہوریت اور سرکاریں لنگڑاتی ہوئی چل رہی ہیں۔ آدمی کے گھٹنے کا درد جب بڑھ جاتا ہے تو آدمی لاٹھی کی مدد سے چلنے کی کوشش کرتا ہے جب کہ ہماری موجودہ مرکزی حکومت کے گھٹنوں کی خرابی کا یہ عالم ہے کہ وہ ایک نہیں دو نہیں بلکہ پورے دو درجن لاٹھیوں کی مدد سے چل رہی ہے۔ ایمان کی بات تو یہ ہے کہ وزیر اعظم کے گھٹنے اتنے خراب نہیں ہیں جتنے کہ ہماری مرکزی حکومت کے گھٹنے خراب ہیں۔

گھٹنوں کے درد کی ایک خوبی یہ ہوتی ہے کہ آدمی ایک بار کرسی پر بیٹھ جائے تو اسے کرسی سے اٹھنے میں بڑی دشواری پیش آتی ہے۔ عام آدمی کے لئے بھلے ہی یہ مرض نقصان دہ ہوتا ہو لیکن سیاسی قائدین کے لئے یہ مرض ایک نعمت غیر مترقبہ کی حیثیت رکھتا ہے کیونکہ سیاسی قائدین ایک بار اقتدار کی کرسی پر بیٹھ جاتے ہیں تو

انھیں اس کرسی سے اٹھنے میں ہمیشہ دشواری پیش آتی ہے چاہے ان کے گھٹنے کتنے ہی اچھے کیوں نہ ہوں۔

ڈاکٹروں کا مشورہ ہے کہ ہم اپنے پرانے گھٹنوں کو نکال کر ان کی جگہ مصنوعی گھٹنے لگوالیں۔ ہم نے اس بات پر بہت غور کیا ہے۔ سوچتے ہیں کہ اب جب کہ ہم قبر میں پاؤں لٹکائے بیٹھے ہیں وہاں مصنوعی گھٹنے لٹکا کر کیوں بیٹھیں۔ پرانے گھٹنوں کو ہی اپنے ساتھ لے کر اس دنیا سے کیوں نہ چلے جائیں۔ اگرچہ امریکی ڈاکٹروں کا کہنا ہے کہ انسانی جسم میں ایک بار مصنوعی گھٹنے لگا دئے جائیں تو یہ کم از کم تیس برس تک چلتے رہتے ہیں۔ اس کا مطلب یہ نہ لیا جائے کہ آدمی کے مرنے کے بعد بھی اس کے پاؤں چلتے رہتے ہیں۔

بہر حال گھٹنوں کا درد ایک تکلیف دہ مرض ہے جو اس تکلیف سے گذرتا ہے وہی اس کی اذیت کو بخوبی جان سکتا ہے۔ بخدا ہم نے بھی دنیا بھر کے علاج کرا رکھے ہیں اور اس نتیجہ پر پہنچے ہیں کہ یہ ایک ایسا ناقابل علاج مرض ہے جو ایک بار کسی کو لاحق ہو جائے تو وہ چار کندھوں پر سوار ہو کر ہی اس دنیا سے جاتا ہے ورنہ تو ہمیں اس کے جانے کی کوئی صورت نظر نہیں آتی۔ ہمیں خوشی ہے کہ وزیر اعظم کے گھٹنوں کے درد کی خبر عام ہو جانے کے بعد لوگ اب ہمارے گھٹنوں کے درد کی اہمیت کو بھی تسلیم کرنے لگے ہیں۔ اندھا کیا چاہے ایک لاٹھی۔

***

آپ کو کیا تکلیف ہے؟

پنڈت ہری چند اختر کے بارے میں مشہور ہے کہ وہ جب بھی اپنے کسی شناسا سے ملتے تھے تو معمول کے مطابق یہ نہیں پوچھتے تھے کہ میاں کس حال میں ہو اور کیسے ہو؟ بلکہ سیدھے سیدھے یہ پوچھ لیتے تھے کہ بھیا تمہیں کیا تکلیف ہے؟۔ ہمیں نہیں معلوم کہ ان کا مخاطب انہیں اس سوال کا کیا جواب دیتا تھا۔ تاہم قیاس اغلب ہے کہ پنڈت ہری چند اختر چونکہ زندہ دل اور بذلہ سنج انسان تھے اس لئے ان کا مخاطب اُن کے اس سوال کو پنڈت جی کی زندہ دلی کے کھاتے میں ڈال دیتا ہوگا اور ہنس کر خاموش ہو جاتا ہوگا۔ لیکن غور سے دیکھا جائے تو پنڈت جی کے اس سوال میں نہ صرف گہری معنویت موجود ہے بلکہ اس میں انسانی ہمدردی کا سچا جذبہ بھی پوشیدہ ہے۔ یوں بھی یہ سوال کہ "کیا حال ہے جناب کا؟" اب ایک بوسیدہ اور رسمی سا سوال بن کر رہ گیا ہے۔ صدیوں سے سماج میں یہ سوال اتنی مرتبہ پوچھا گیا ہے اور اب بھی پوچھا جاتا ہے کہ اب اس سوال کی حیثیت بالآخر ایک دُم چھلہ یا تکیہ کلام کی سی ہو گئی ہے۔ جس کا کوئی مطلب نہیں ہوتا۔

ہم نے آج تک یہ نہیں دیکھا کہ کسی نے کسی کا حال پوچھا ہو اور مخاطب نے

اچانک اپنے حال کے خراب ہونے کا دُکھڑا رونا شروع کر دیا ہو۔ ایک مہذب انسان سے یہ توقع رکھی جاتی ہے کہ وہ اس سوال کے جواب میں یہ کہہ دے کہ بالکل ٹھیک ہوں، خیریت سے ہوں، آپ کی دعاؤں کے طفیل اچھا ہوں اور اوپر والے کا کرم ہے وغیرہ۔ اگر خدانخواستہ وہ بے انتہاء تکلیف میں بھی ہو تو اپنے حال کے خراب ہونے کا اعلان نہیں کرے گا بلکہ اسے پوشیدہ رکھے گا کیونکہ ہماری قدیم روایات کے مطابق تہذیب اور شائستگی کا مطلب ہی یہ ہے کہ انسان اپنی تکلیف کو برداشت کرتا رہے اور اس کا اظہار کسی کے سامنے نہ کرے اور کرے بھی تو اس انداز سے کرے کہ مخاطب کے جذبات برانگیختہ اور برگشتہ نہ ہوں۔ نمونے کے طور پر دو مہذب افراد کے بیچ بات چیت کا ایک ریکارڈ ذیل میں پیش کیا جاتا ہے۔

"کہو میاں کس حال میں ہو؟

"بالکل اچھا ہوں، آپ کی دُعا ہے"

"بہت دنوں بعد ادھر آنا ہوا۔ پچھلے ہفتے بالکل غائب رہے"۔

"کیا کروں پچھلے ہفتے آپ کی عنایت سے میرے گھر کو آگ لگ گئی تھی"۔

"کیا کہا! گھر کو آگ لگ گئی تھی؟"

"جی ہاں! گھر کو آگ لگ گئی تھی، اور وہ بھی گھر کے چراغ سے"

"گھر کے چراغ سے! کیا مطلب؟"

"مطلب یہ کہ اپنے ہی محلے کے بلوائیوں نے میرے گھر پر حملہ کر کے آگ

لگا دی تھی"۔

"کوئی مرا تو نہیں؟"

"بلوائیوں کے سوائے ہر کوئی مر گیا"

"پھر تم کیسے بچ گئے؟"

"پولیس نے نقض امن کے اندیشے کے تحت پہلے ہی مجھے گرفتار کر کے جیل میں ڈال دیا تھا"

"پولیس کبھی کبھی اچھے کام بھی کر دیتی ہے"

"شکر ہے ہماری پولیس کا ورنہ میں بھی کب کا مر گیا ہوتا"

"اور کیا حال ہے؟"

"بالکل اچھا ہوں۔ پانچ دن سے بھوکا ہوں۔ تین دن سے بخار میں مبتلا ہوں، جیب میں پھوٹی کوڑی نہیں ہے مگر آپ کی دعاء سے پھر بھی زندہ ہوں"۔

"یہ جان کر بڑی خوشی ہوئی کہ تم میں صبر جمیل کا مادہ کوٹ کوٹ کر بھرا ہوا ہے۔ خدا تمہیں اور بھی صبر جمیل عطا کرے۔ جس حال میں بھی رہو خوش رہو۔ اسی کا نام زندگی ہے۔ مستقبل میں زندہ رہو تو پھر کبھی ملنے کیلئے ضرور آنا، خدا حافظ"

اس بات چیت سے آپ نے اندازہ لگایا ہوگا کہ لوگ زیادہ تر رسمی باتیں کرتے ہیں اور ان کے پیچھے کوئی جذبہ، کوئی ارادہ کارفرما نہیں ہوتا۔ پنڈت ہری چند اختر ایک ذہین اور زندہ دل انسان تھے۔ وہ جانتے تھے کہ رسماً کسی کا حال پوچھنے اور

اس شخص کو اپنا حال اچھا بتانے پر مجبور کرنے سے بہتر تو یہ ہے کہ اس سے سیدھے سیدھے اس کی تکلیف کے بارے میں پوچھ لیا جائے تا کہ وہ دل برداشتہ ہو کر ہی اپنی تکلیف بیان کر دے کیونکہ اس طرح بھی اس کے دل کا بوجھ ہلکا ہو سکتا ہے۔ گھٹن کو اپنے سینے میں دبائے رکھنے کی بجائے اسے باہر نکال دیں تو آدمی کو تھوڑا بہت سکون مل جاتا ہے۔ یوں بھی کسی سے اچانک یہ پوچھ لینا کہ وہ کس حال میں ہے کوئی مناسب بات نہیں ہے۔ کیونکہ آج کے زمانے میں کوئی کسی کے حال کو بہتر بنانے کا اہل نہیں رہا اور کسی کو کسی کے حال سے دلچسپی نہیں رہی۔ نفسا نفسی کا عالم ہے اور اس حمام میں سبھی ننگے ہیں۔ مانا کہ کسی سے اچانک یہ پوچھ لینا کہ اسے کیا تکلیف ہے ایک غلط حرکت ہو گی لیکن سوال بالکل غلط بھی نہیں ہو گا کیونکہ آج کی دنیا میں کوئی بھی ایسا نہیں ہے جسے کوئی تکلیف نہ ہو۔ ایسے میں ایک رسمی سا سوال پوچھ لینا کہ مخاطب کس حال میں ہے اور پھر اُسے اپنا حال اچھا بتانے کی خاطر جھوٹ بولنے پر اُکسانا بھی گناہ کبیرہ سے کم نہیں۔ ہمیں علم ہے کہ آپ کسی کی تکلیف کم نہیں کر سکتے لیکن اس طرح آپ تکالیف کے بارے میں اپنی معلومات میں بیش بہا اضافہ تو کر سکتے ہیں۔ مشکلیں اتنی بڑھیں کہ آساں ہو گئیں والے فارمولے پر عمل کر کے آپ اپنی اور دوسروں کی تکلیف کے احساس کو کم بھی کر لیتے ہیں۔ پرانا مقولہ ہے کہ دُکھ بانٹنے سے کم ہو جاتا ہے اور خوشیاں بانٹنے سے بڑھ جاتی ہیں۔ ہم نے بھی ایک دن پنڈت ہری چند اختر کے طرز عمل کو اپنا کر دیکھ لیا کیونکہ اس دن ہم جس سے

بھی ملے یہی سوال پوچھتے رہے کہ میاں تمہیں کیا تکلیف ہے؟

ایک نوجوان سے ہم نے جب یہ سوال پوچھا تو اس نے کہا "کوئی ایک تکلیف ہو تو بتاؤں یہاں تو سینکڑوں تکلیفیں ہیں"۔

"پھر بھی کوئی بڑی تکلیف ہو تو بتاؤ؟"

"بڑی تکلیف کا ذکر میں آپ سے کیوں کروں۔ کسی بڑے آدمی سے کیوں نہ کروں۔ ہو سکتا ہے وہ اس کا کوئی حل نکال ہی لے۔ آپ تو میری تکلیف کو جان کر صرف مزہ لینے کی کوشش کریں گے۔ بلکہ اندر ہی اندر خوش ہوں گے کہ آپ کو یہ تکلیف نہیں ہے۔ آج کا انسان ایسی ہی گھٹیا باتوں سے خوش ہوتا ہے۔"

"لیکن میں گھٹیا باتوں سے خوش نہیں ہوتا"۔

"جناب! آپ کو یہ خوش فہمی ہے۔ بھلا بتائیے آپ میری تکلیفوں کے بارے میں جان کر کیا کریں گے۔ یہ کام اصولا حکومت وقت کا ہے کہ وہ ہم جیسوں کی تکلیفوں کا حال جانے۔ پرانے حکمران لوگوں کی تکلیفوں کے بارے میں جانکاری حاصل کرنے کی غرض سے بھیس تک بدل لیتے تھے۔ آج کے حکمران لوگوں کو دھوکہ دینے کی غرض سے خود نہ صرف بھیس بدل لیتے ہیں بلکہ عوام کا لباس چھین کر انہیں ننگا کر دیتے ہیں تاکہ وہ بھیس بدلنے کے قابل ہی نہ رہیں۔"

ہم نے ایک اور نوجوان سے پوچھا "میاں تمہیں کیا تکلیف ہے؟"

بولا "میری تکلیف سے آپ کو کیا تکلیف ہو رہی ہے؟"

"میں اپنی معلومات میں اضافہ کرنا چاہتا ہوں"۔

"تو اس کا مطلب یہ ہوا کہ آپ اپنے فائدے کیلئے میری تکلیفیں جاننا چاہتے ہیں۔ ایسی بات ہے تو میں فی تکلیف دس روپئے معاوضہ لوں گا۔ میں مفت میں کوئی چیز دینے کا قائل نہیں ہوں"۔ "پہلے دس تکلیفوں کے سو روپئے پیشگی ادا کرو تو تکلیفوں کا بیان شروع کروں"۔

"اُدھار کھاتہ نہیں چلے گا؟"

"آپ کو شرم آنی چاہئے کہ جیب میں پھوٹی کوڑی تک نہیں ہے اور آپ لوگوں کی تکلیفیں جاننے کیلئے نکلے ہیں۔ جاؤ آگے کا راستہ ناپو"۔

پھر ہم نے ایک معصوم اور سادہ لوح نوجوان سے پوچھا "میاں! تمہیں کیا تکلیف ہے؟"

اس پر وہ گہری سوچ میں ڈوب گیا۔ پھر بولا۔ "میری تکلیف یہ ہے کہ گرمی کے موسم میں دن اتنا بڑا کیوں ہو جاتا ہے؟"

"دن کے بڑے ہونے سے تمہیں کیا تکلیف ہے؟"

"بے روزگاری میں وقت بڑی مشکل سے کٹتا ہے۔ اتنے بڑے دن کو کاٹنے کیلئے بڑے حوصلے کی ضرورت ہوتی ہے۔ رات کو آدمی پھر بھی سو جاتا ہے اور گرمی کے دن ہوں تو آدمی کھلے میں سو جاتا ہے اور آسمان پر چاروں طرف تارے ہی تارے ہوتے ہیں۔ ایسے میں آدمی کو نیند نہ آئے تو وہ تارے گننے میں اپنے آپ کو

مصروف رکھ سکتا ہے"۔

"تمہاری بے روز گاری کی خاطر قدرت اپنے موسموں سے تو دستبردار نہیں ہو سکتی۔ قدرت کا کارخانہ اسی طرح تو چلتا ہے۔"

"قدرت کے کارخانے کو چلتے رہنے دیں۔ آپ بیچ میں مداخلت نہ کریں۔ اگر میں گرمی کے موسم میں دن کے بڑے ہونے کی تکلیف کا ذکر کر رہا ہوں تو اس سے آپ کو کیا تکلیف ہوتی ہے۔ دنیا تکلیفوں سے ہی مل کر بنتی ہے۔ تکلیف ہی زندگی ہے۔ آج کے دور میں کوئی کسی کی تکلیف کو دور نہیں کر سکتا اور سب سے بڑی تکلیف یہی ہے۔

٭ ٭ ٭

پتے جو لاپتہ ہو گئے

ہمارے پاس ایک ڈائری ہے جو ۱۹۸۰ سے ۲۰۰۰ء تک ہمارے زیر استعمال رہی۔ ۱۹۸۰ء میں جب ہم اپنے پہلے بیرونی سفر پر جاپان جانے لگے تو ہم نے اس میں اپنے بعض اہم ہندوستانی احباب کے پتے اس خیال سے لکھ لئے تھے کہ جاپان کے لمبے قیام کے دوران میں کہیں ہمیں اپنے ان احباب سے رابطہ قائم کرنے کی ضرورت نہ پیش آ جائے۔ اسّی اور نوّے کی دہائیوں کا عرصہ ہماری ادبی، سماجی، تخلیقی سرگرمیوں کا نہایت فعّال زمانہ رہا ہے۔ اس عرصہ میں ہم نے کئی بیرونی ممالک کے سفر کئے۔ نئی نئی زمینوں پر قدم رکھنے کے علاوہ نئے نئے آسمانوں میں جھانک آئے۔

جوں جوں ہمارے تعلقات نے وسعت اختیار کی، ہماری اس ڈائری میں نئے پتے جلوہ فگن ہوتے چلے گئے۔ تعلقات کے نئے پھول کھلنے لگے اور رشتوں کی کلیاں چٹکنے لگیں۔ جاپان جاتے وقت ہماری اس ڈائری میں اپنے ہندوستانی احباب اور رشتہ داروں کے صرف بیس پتے لکھے گئے تھے مگر جب ۲۰۰۰ء میں ہم پھر امریکہ جانے لگے تو دیکھا کہ اس ڈائری میں پتوں کی تعداد ایک ہزار سے تجاوز کر گئی ہے اور اس

میں مزید پتوں کے اندراج کی کوئی گنجائش باقی نہیں رہ گئی ہے۔ پھر بھی ہم اس ڈائری کو اپنے ساتھ لے گئے اور ایک نئی ڈائری میں نئے اور ضروری پتوں کو لکھنے لگے۔ پچھلے دس بارہ برسوں سے یہ ڈائری ہمارے پاس ایک عظیم مخطوطے یا ہمارے رشتوں اور تعلقات کے عالیشان مقبرے یا آخری آرام گاہ کے طور پر محفوظ ہے۔ ایک زمانہ تھا جب ہم پھیل کر خود زمانہ بن گئے تھے، مگر اب سمٹ کر ایک ایسا دلِ عاشق بن گئے ہیں۔

جس کی ہر دھڑکن یادوں کا خاموش طوفان بپا کر دیتی ہے، جس کی ہر کسک اسے صبر و تحمل کا پتھر بنا دیتی ہے اور جس کی ہر آواز لق و دق صحرا کی وسعتوں اور تنہائیوں میں تحلیل ہو کر اس بات کا اعلان کرتی ہے کہ اول فنا آخر فنا۔ کل ہمیں ذرا سا سکون میسر آیا اور فرصت ملی تو ہم نے پتوں کی اس ڈائری کو کھول کر پڑھنا شروع کیا۔ ایک دو صفحوں کے بعد ہی ہمیں اندازہ ہوا کہ اس ڈائری میں شامل کئی پتے اب ہمارے لئے لا پتہ ہو چکے ہیں۔ کئی رشتوں کی سانس اُکھڑ چکی ہے، تعلقات کی نبض رُک گئی ہے، قدرت نے مراسم کے تابوت میں آخری کیل ٹھونک دی ہے اور کئی بزرگوں اور احباب نے اس عالم فانی سے اپنا رشتہ توڑ کر عالم بالا میں مستقل سکونت اختیار کر لی ہے جہاں کا پتہ خود ہمیں بھی نہیں معلوم ہے (انشاء اللہ جلد ہی معلوم ہو جائے گا)۔ ہم نے سوچا کہ جو لوگ اب اس دنیا کی گلیاں، سڑکیں، محلے اور شہروں کو چھوڑ کر چلے گئے ہوں اور جن کا اب اس دنیا سے کوئی تعلق ہی نہ رہ گیا ہو انہیں

یہاں کے پتوں میں کیوں مقید رکھا جائے۔ ہمارا کرب یہیں سے شروع ہوا، اور دل پر یکے بعد دیگرے بجلیاں سی گرنے لگیں۔ اب آپ سے کیا چھپائیں کہ ساٹھ برس پہلے ہم حیدرآباد کے محلہ فرحت نگر کے ایک ایسے مکان میں رہتے تھے جہاں جانے کے لئے کئی تنگ گلیوں سے گزرنا پڑتا تھا، جس کے باعث اجنبیوں کو ہمیں اپنے گھر کا پتہ سمجھانے میں ہمیشہ دشواری پیش آتی تھی۔ اتفاق سے ہمارے گھر کے بالکل عین سامنے واقع ایک مکان کی دیوار پر منجن بنانے والی ایک کمپنی نے اپنے منجن کا اشتہار جلی حروف میں لکھوا رکھا تھا۔ ہم یہ منجن تو نہیں استعمال کرتے تھے لیکن اجنبیوں کو اپنے گھر کا پتہ سمجھانے کے لئے اس اشتہار کو ضرور استعمال کرتے تھے۔ جب تک ہم فرحت نگر میں رہے، ہم نے اس اشتہار کی جی جان سے حفاظت کی۔ اشتہار والا مالک مکان جب بھی اپنے گھر کی سفیدی کراتا تھا تو ہم منت سماجت کر کے اس اشتہار کی حیات مستعار میں اضافہ کروالیتے تھے۔ منجن بنانے والی کمپنی کب کی مر چکی تھی لیکن ہمارا پتہ برسوں زندہ رہا۔ سُنا ہے کہ جس دن ہم یہ گھر چھوڑ کر دہلی چلے گئے اس کے دوسرے ہی دن ہمارے پتے والے مکان کے مالک نے اپنی دیوار پر سفیدی پھیر کر ہمارے پتے کو نیست و نابود کر دیا۔ ہمیں اس گلی میں رہتے ہوئے ہمیشہ غالب کے اس شعر کی یاد آجاتی تھی:

اپنی گلی میں دفن نہ کر مجھ کو بعد مرگ
میرے پتے سے خلق کو کیوں تیرا گھر ملے

آدمی کا پتہ اگرچہ ایک حقیر سی چیز ہوتا ہے کیونکہ اتنی بڑی کائنات میں ایک آدمی مختصر سے قیام کے لئے ایک مختصر سی جگہ میں جہاں جہاں رہتا ہے اس کی بھلا کیا اہمیت اور وقعت ہے، لیکن آدمی جب تک زندہ رہتا ہے اسے ہر دَم اپنا اتا پتہ عزیز ہوتا ہے اور وہ دوسروں کو اس سے آگاہ کراتا رہتا ہے۔ دنیا بالآخر فانی ہے لیکن اس بے نام ونشان اور گمنام کائنات میں کھو جانے اور معدوم ہو جانے سے قبل انسان اپنی ٹوٹی پھوٹی شناخت کو براعظموں، ملکوں، شہروں، محلوں اور گلیوں میں برقرار رہنے کے سو سو جتن کرتا ہے۔ یہاں تک کہ بالآخر سمٹ سمٹا کر نہ صرف دو گز زمین پر قانع ہو جاتا ہے بلکہ یہاں پہنچ کر بھی مزید قناعت کا مظاہرہ کرتے ہوئے پہلے تو مشت خاک میں اور پھر بعد میں ایک ذرہ بے توقیر و نا تحقیق میں تبدیل ہو کر بے نام ونشان ہو جاتا ہے۔ اسی عمل کا نام زندگی ہے، اور فناء ہو جانا ہی اصل میں بقاء کی علامت ہے۔

بہر حال ہم نے جب اپنی ڈائری میں سے لا پتہ پتوں کو کاٹنا شروع کیا تو لمحہ لمحہ دل پر ایک عجیب سی کیفیت طاری ہوتی چلی گئی۔ دل پر جبر کر کے کیسے کیسے نام اور کیسے کیسے پتے کاٹ دیئے اور ذرا سوچیے کہ کس دل سے کاٹے ہوں گے۔ ٹوکیو میں یونیسکو کے ایشیائی ثقافتی مرکز کے ڈائرکٹر جنرل ریوجی ایتو کا پتہ کاٹتے ہوئے ہماری آنکھیں لبریز ہو گئیں۔ یونیسکو کے سمینار میں پندرہ ممالک کے نمائندے شریک تھے لیکن ہمارے لئے ان کے دل میں ایک الگ ہی گوشتہ تھا۔ ہم یہ سمجھتے تھے کہ

چونکہ ہم ہندوستان جیسے عظیم ملک کے نمائندے ہیں، اس لئے ان کے دل میں ہماری قدر و منزلت ہے۔ بے حد مصروف آدمی تھے لیکن ذرا سی فرصت ملتے ہی اپنے دفتر میں بلا لیتے تھے۔ کسی دن ملاقات نہ ہوتی تو کوئی نہ کوئی تحفہ ہمارے ہوٹل پر روانہ کر دیتے تھے۔

یہ عنایت خاص صرف ہمارے لئے مختص تھی۔ ٹوکیو کی آخری شام کو ریوجی ایتو اور بیگم ایتو اساکسا کے علاقہ میں ہمیں لے کر ایک گیشا گھر میں گئے، جہاں جاپان کی کلاسیکی موسیقی کی دھنوں پر ہمیں حسب توفیق گیشاؤں کے ساتھ رقص بھی کرنا پڑا۔ ہمیں بار بار یہ خیال آتا تھا کہ جس ملک میں ریوجی ایتو جیسے لوگ رہتے ہوں وہاں کے لوگوں نے دوسری جنگ عظیم میں اتنے مظالم کیسے ڈھائے ہوں گے۔ کاش کہ دنیا آسانی سے سمجھ میں آسکتی۔ کیسے بتائیں کہ کیسے کیسے محترم، عزیز اور دلنواز ہستیوں کے پتے ہم نے اپنی ڈائری میں سے کاٹ دیئے۔ ایک ایک پتہ کٹتا تھا تو لگتا تھا کہ جذبوں اور احساسات کے ایک عالیشان محل کو ڈھایا جا رہا ہے۔ پروفیسر سوزوکی تاکیشی، کنور مہندر سنگھ بیدی سحر، راجندر سنگھ بیدی، سردار جعفری، اختر الایمان، مجروح سلطان پوری، کیفی اعظمی، عزیز قیسی، باقر مہدی، شکیلہ بانو بھوپالی، امرتا پریتم، وقار لطیف، شیام لال ادیب، فکر تونسوی، صادقین، مشفق خواجہ، احمد ندیم قاسمی، پروفیسر سخاچوف، شان الحق حقی، محمد طفیل، سراج منیر، منیر نیازی، قتیل شفائی، آل احمد سرور، پروفیسر خورشید الاسلام، خواجہ عبد الغفور، ساغر

نظامی، ملک راج آنند، سعید شہیدی، دھرم ویر بھارتی، حکیم عبد الحمید۔ سینکڑوں ناموں میں سے کن کن کے نام گنائیں۔

ایک ہزار پتوں میں سے جب ہم نے گزرے ہوؤں کے پتے کاٹ دیئے تو ہم نے غم جہاں کا حساب کیا۔ پتہ چلا کہ جملہ ۷۹۰ (سات سو نوے) پتے کٹ چکے ہیں۔ حساب کتاب اور حساب فہمی کے ہم قائل نہیں ہیں۔ اس لئے ریاضی میں کبھی پچیس فیصد سے زیادہ نشانات حاصل نہیں کر سکے۔ مگر جب احساس ہوا کہ ۱۹۸۰ء سے یہاں تک آتے آتے ہمارے اسّی فیصد تعلقات رحلت فرما چکے ہیں اور ہماری سماجی زندگی سمٹ سمٹا کر صرف بیس فیصد ہی باقی رہ گئی ہے تو ہمیں اپنی شخصی زندگی اچانک بہت چھوٹی نظر آئی بلکہ اتنی چھوٹی نظر آئی کہ ہم نے اپنے آپ کو مشت خاک سے گزر کر ایک ذرہ بے توقیر میں تبدیل ہوتے ہوئے محسوس کیا۔ اپنے کرم فرماؤں اور یارانِ رفتہ کے بچھڑ جانے اور ان سے اس دنیا میں پھر نہ مل پانے کے احساس نے شدت اختیار کی تو ہمیں سندھ کے مشہور صوفی بزرگ شاہ عبد اللطیف بھٹائی کا ایک واقعہ یاد آ گیا۔ شاہ عبد اللطیف بھٹائی جس شہر میں رہتے تھے وہاں ڈاکوؤں نے ایک بار زبردست ڈاکہ ڈالا۔ ڈاکہ کی ایسی سنگین واردات پہلے کبھی پیش نہ آئی تھی۔ کوتوال شہر نے اعلان کیا کہ جو کوئی بھی ڈاکوؤں کا اتا پتہ بتائے گا یا ان کا سراغ دے گا اسے بھاری رقم دی جائے گی۔ انعام کی رقم اتنی بھاری تھی کہ سارے تندرست، صحت مند اور توانا لوگ ڈاکوؤں کی تلاش میں نکل کھڑے ہوئے۔ دو

دن بعد شاہ عبد اللطیف بھٹائی بھی اپنے تکیہ سے غائب ہو گئے۔

دیگر نوجوان تو ڈاکوؤں کی تلاش کے لئے پہلے ہی سے نکلے ہوئے تھے۔ اب تو شاہ صاحب کے معتقدین اور مرید بھی ان کی تلاش میں نکل کھڑے ہوئے۔ چپہ چپہ چھان مارا لیکن کہیں بھی شاہ عبد اللطیف بھٹائی نہ ملے۔ ایک دن شہر میں کسی معزز ہستی کی موت واقع ہو گئی اور لوگ اسے دفنانے کے لئے جیسے ہی قبرستان پہنچے تو دیکھا کہ شاہ عبد اللطیف بھٹائی قبرستان کے ایک گوشہ میں بیٹھے ہوئے گیان دھیان میں مصروف ہیں۔ ان کے معتقدین نے حیرت سے پوچھا "شاہ صاحب! آپ یہاں قبرستان میں کیا کر رہے ہیں؟ ہم تو آپ کی تلاش میں ہر روز شہر کے گلی کوچوں اور جنگلوں کی خاک چھان رہے ہیں۔" اس پر شاہ صاحب نے کہا "وہ جو کوتوال صاحب نے ڈاکوؤں کو تلاش کرنے کے لئے بھاری انعام کا اعلان کیا ہے اسی کو حاصل کرنے کی آس میں یہاں آیا ہوں"۔ ارادت مندوں نے دست بستہ عرض کی "حضرت قبلہ! ڈاکوؤں کو پکڑنے کے لئے آپ بستیوں اور جنگلوں میں جائیں۔ وہ آپ کو یہاں قبرستان میں کیونکر ملیں گے؟" شاہ صاحب نے بڑے اعتماد کے ساتھ فرمایا "وہ چاہے کہیں بھی چلے جائیں، انہیں بالآخر آنا تو یہیں ہے"۔ ہمیں اچانک احساس ہونے لگا ہے کہ اب ہمیں بھی اپنے بچھڑے ہوئے احباب کو پھر سے پانے کے لئے شاید تصوف کی اس منزل سے گزرنا پڑ جائے گا۔ رہے نام اللہ کا۔

***

مشاعروں کو کیا ہو گیا ہے؟

اُردو ادب اور اُردو تہذیب کے ایک بہی خواہ قاری ایم ایس خان کا ایک درد بھرا مراسلہ پچھلے دِنوں 'سیاست' میں ہماری نظر سے گزرا ہے جس میں مراسلہ نگار نے کہا ہے کہ وہ خاصے طویل عرصے سے حیدرآباد کی ادبی محفلوں اور مشاعروں وغیرہ میں بحیثیت سامع شرکت کرتے آئے ہیں۔ ان کا کہنا ہے کہ سامعین ان محفلوں میں اپنی ضروری مصروفیات اور مشاغل کو بالائے طاق رکھتے ہوئے محض اپنے ادبی ذوق کی تسکین اور اپنی پیاری زبان اُردو کی ترقی اور بقاء کی خاطر ٹکٹ خرید کر دور دراز سے ان مشاعروں میں شرکت کرتے ہیں۔ لیکن بعض شعراء سستی شہرت کی خاطر مختلف النوع سامعین کی موجودگی کا لحاظ کیے بغیر انتہائی واہیات، ناقابلِ سماعت، گھٹیا بلکہ 'بُلو' اشعار سناتے ہیں۔ یہ بات اُردو تہذیب کے سراسر خلاف ہے۔ انھوں نے یہ بھی کہا ہے کہ طنز و مزاح کے شعراتو اس معاملے میں اور بھی بے باک اور ڈھیٹ واقع ہوئے ہیں اور طنز و مزاح کی آڑ میں ایسی باتیں کہہ جاتے ہیں جو بیہودہ اور فحش ہوتی ہیں۔

مراسلہ نگار کے اس درد میں ہم بھی برابر کے شریک ہیں اور ہمارے پُرانے

قارئین جانتے ہیں کہ اس درد کا اظہار ہم نے جا و بے جا اتنی مرتبہ کیا ہے اور اتنی شدت سے کیا ہے کہ اب تو ہمیں یہ 'دَردِ لادَوا' نظر آنے لگا ہے۔ جب ہمیں یہ احساس ہونے لگا کہ اُردو معاشرہ اس درد کو ہنسی خوشی برداشت کرنے لگا ہے اور کسی کو اس دَرد کی پروا نہیں ہے تو ہم نے بھی خاموشی اختیار کرلی۔ مشاعرہ ہماری تہذیب کی ایک روشن علامت رہا ہے اور ہمارا شمار ان چند خوش نصیبوں میں ہوتا ہے جنھوں نے ایسے مشاعروں میں شرکت کی ہے جو صحیح معنوں میں مشاعرے کہلائے جاتے تھے۔ ہم نے جوشؔ ملیح آبادی، امجدؔ حیدرآبادی، جگرؔ مرادآبادی، فراقؔ گورکھپوری، حفیظؔ جالندھری، فیض احمد فیضؔ، مخدوم محی الدین، ساحرؔ لدھیانوی، مجروحؔ سلطانپوری، جاں نثار اخترؔ، سردارؔ جعفری اور بیسیوں نامی گرامی شعرا کو نہ صرف دیکھا ہے بلکہ انھیں مشاعروں میں بار بار سنا بھی ہے۔ بعض مشاہیر شعراء سے تو ہماری راہ و رسم بھی رہی ہے۔ اُردو مشاعروں کو سننے کا ہمارے پاس کم و بیش پچپن سالہ تجربہ موجود ہے۔ ہمیں سخن فہمی کا دعویٰ تو کبھی نہیں رہا۔ یہ الگ بات ہے کہ نوجوانی میں ہم مشاعروں میں ہوٹنگ، فقرے بازی اور جملے بازی وغیرہ کی غرض سے جایا کرتے تھے۔ یہ ضرور ہے کہ اس فقرے بازی میں بھی ہم نے آدابِ محفل اور تہذیب وغیرہ کا دامن کبھی اپنے ہاتھوں سے چھوٹنے نہ دیا۔ ان مشاعروں میں بسا اوقات ایسے شعر بھی سُننے کو ملتے تھے جنھیں ہم نہ صرف محفلوں میں لوگوں کو سُنایا کرتے تھے بلکہ نہاتے وقت غسل خانے میں بھی پابندی سے گنگنایا کرتے تھے۔

پچھلے مشاعروں کی خوبی یہ ہوتی تھی کہ ان میں شاعر اپنی داد آپ وصول کرلیتا تھا۔ شاعر کو اپنے کلام کی داد وصول کرنے کے لیے نت نئے ڈرامے نہیں کرنے پڑتے تھے۔ ہم یہ کہیں تو بے جا نہ ہوگا کہ ان دنوں بیشتر شعرا اپنے اپنے شعروں پر اس طرح داد وصول کرتے ہیں جیسے بھیک مانگ رہے ہوں۔ شعر سُنانے سے پہلے کہا جاتا ہے کہ اگر آپ نے اس شعر پر داد نہ دی تو میرا دل ٹوٹ جائے گا۔ اللہ کے نام پر اس شعر کو داد سے ضرور نوازیے۔ اللہ آپ کا بھلا کرے گا۔ آپ کے بال بچوں کو اچھا رکھے گا اور دنیا کی ساری نعمتوں سے نوازے گا۔ پچھلے مشاعروں میں داد سامعین کے دلوں سے نکلتی تھی اب چونّی اور اَٹھنّی کی صورت میں جیب سے نکلتی ہوئی محسوس ہوتی ہے۔ اس زمانے کے شاعروں کی ایک اَنا ہوتی تھی بلکہ داد دینے والے بھی نہایت خوددار ہوا کرتے تھے۔ ہم نے پچھلے سامعین کو کسی گھٹیا اور خلاف تہذیب شعر پر داد دیتے ہوئے نہیں دیکھا۔

اصل قصہ یہ ہے کہ اُردو کی زوال آمادگی کے باعث مشاعروں کی روایت بھی ملیا میٹ ہو گئی ہے۔ الیکٹرانک میڈیا کے فروغ کی وجہ سے مشاعرہ اب صرف تفریح کا ایک ذریعہ بن گیا ہے۔ مراسلہ نگار نے لکھا ہے کہ بیشتر شعرا سستی شہرت کی خاطر فحش اور بیہودہ شعر کہنے لگے ہیں۔ آپ تو جانتے ہیں کہ زمانہ مہنگائی کا ہے جس میں انسان کے سوائے ہمیں تو کوئی چیز سستی نظر نہیں آتی۔ جو چیز سستی مل جائے اسے ہر کوئی حاصل کرنا چاہتا ہے۔ چنانچہ شہرت کا بھی یہی معاملہ ہے۔ پچھلے

زمانے کے شعرا برسوں مشقِ سخن کرتے تھے تب کہیں جا کر ان پر شہرت کے دروازے واہوا کرتے تھے۔ اب ذو معنی الفاظ کے استعمال، اُچھل کود اور بے جا تک بندی کے ذریعے اس چیز کو حاصل کرنے کی کوشش کی جاتی ہے جسے شہرت کہتے ہیں۔ آپ یقین کریں کہ ہمارے ہاں مشاعروں کے بعض مقبول شعرا ایسے بھی ہیں جن کے پاس پانچ دس غزلوں اور چھ سات نظموں کے سوائے کچھ بھی نہیں ہے۔ ایک بار ہم نے ایک مقبول شاعر سے خواہش کی تھی کہ وہ اپنا مجموعہ کلام شائع کرائیں۔ پتہ چلا کہ ان کے کلام کا مجموعہ اتنا قلیل ہے کہ کوئی مجموعہ کلام شائع نہیں کیا جا سکتا۔ اگر یہ شائع بھی کیا جائے تو اس کی ضخامت بیس پچیس صفحات سے آگے نہیں بڑھ پائے گی۔ انھیں یہ ڈر بھی رہتا ہے کہ اگر ان کا مجموعہ کلام شائع ہو جائے تو مشاعروں میں اپنا غیر مطبوعہ کلام سنا نہیں سکیں گے۔ حالانکہ پچھلے پچیس برسوں سے وہ مشاعروں میں اسی کلام کو بار بار سنا کر اپنے حالات اور اپنی حالت کو بہتر بنا چکے ہیں۔ ہمیں خود ان کا کلام زبانی یاد ہے، یہ اور بات ہے

کہ اب تک وہ اسے غیر مطبوعہ ہی سمجھتے آئے ہیں۔ ظاہر ہے کہ یہ کلام صرف مشاعروں میں سنانے کی غرض سے لکھا گیا ہے۔ اسی لیے ہم نے بہت پہلے شاعروں کی دو قسمیں مقرر کی تھیں۔ ایک قسم مشاعروں کے شاعروں کی اور دوسری قسم شاعری کے شاعروں کی۔ شاعری کے شاعر، جو صحیح معنوں میں شاعر کہلائے جانے کے مستحق ہیں، وہ مشاعروں میں جانے سے گریز کرتے ہیں اس لیے انھیں کوئی

نہیں پوچھتا۔ ان کا قصور صرف اتنا ہے کہ وہ مشاعروں میں کلام سنانے کے کرتبوں سے واقف نہیں ہیں۔ مشاعرہ اب ایک کمرشیل چیز بن گیا ہے۔ پھر جب سے خاتون شعرا سج دھج کر مشاعروں میں شرکت کرنے لگی ہیں تب سے مشاعرے اور مجرے کا فرق بھی ختم ہو گیا ہے۔ اسی لیے ہم نے آج کے مشاعروں کے لیے 'مُشجرے' کا نام تجویز کر رکھا ہے، جس میں مشاعرے اور مُجرے دونوں کی صفات پائی جاتی ہیں۔ ہمارے امریکی دوست پروفیسر ستیہ پال آنند نے امریکہ میں منعقدہ ایک 'مُشجرے' کا حال بیان کرتے ہوئے لکھا تھا کہ وہاں ایک مشاعرے میں ایک حسین و جمیل شاعرہ نے ناز و ادا کے ساتھ جب اپنا کلام سنانا شروع کیا تو سامعین میں بیٹھے ہوئے ایک ادب دوست نے از راہِ ادب نوازی اس کے پہلے ہی شعر پر شاعرہ کو دس امریکی ڈالر کا کرنسی نوٹ دکھایا۔ اس پر شاعرہ ڈائس سے نیچے تشریف لے آئیں اور بصد احترام اس کرنسی نوٹ کو حاصل کرنے کے بعد اس شعر کو دوبارہ سنانا شروع کر دیا۔ کیا اس کے بعد بھی آپ کو شک ہے کہ مشاعرہ، مُجرے میں تبدیل نہیں ہو گیا ہے، بلکہ ہمارا تو خیال ہے کہ مُجرے والیاں اتنی بے باک اور شوخ نہیں ہوتیں جتنی کہ آج کی بعض رائج الوقت شاعرات ہوتی ہیں۔ مشاعروں کے مقبول ناظم ملک زادہ منظور احمد نے ہمیں فراقؔ گورکھپوری کے حوالے سے ایک واقعہ سنایا تھا کہ ایک صاحب ایک خوش جمال دوشیزہ کو لے کر فراقؔ گورکھپوری کی خدمت میں حاضر ہوئے اور ملتجی ہوئے کہ وہ اس دوشیزہ کا کلام سُن لیں تاکہ اس دوشیزہ کو شاعرہ

بنانے کے امکان پر غور کیا جاسکے۔ فراقؔ گورکھپوری نے بڑی توجہ کے ساتھ شاعرہ کا کلام سنا۔ پھر بڑی سنجیدگی سے کہا: "ماشاللہ اس دوشیزہ نے بہت اچھی شکل پائی ہے، ترنم بھی بہت اچھا ہے، جس کسی نے اسے غزل لکھ کر دی ہے وہ بھی بہت اچھی ہے۔ اگر یہ اپنے اخلاق کو تھوڑا سا خراب کرلے تو ہندوستان بھر کے مشاعروں میں اس کی مقبولیت کے ڈنکے بجنے لگیں گے۔" فراقؔ گورکھپوری نے جب یہ بات کہی تھی تو اُس وقت مشاعرے برِ صغیر ہند و پاک میں ہی ہوا کرتے تھے۔ اب تو خلیجی ممالک کے علاوہ امریکہ، برطانیہ اور دیگر ممالک میں بھی آئے دن مشاعرے ہونے لگے ہیں اور اس طرح کی شاعرات کو بین الاقوامی شہرت حاصل ہونے لگی ہے۔ یہی وجہ ہے کہ پچھلے آٹھ دس برسوں سے ہم نے مشاعروں میں جانا کم کر دیا ہے۔ کبھی کبھار غلطی سے کسی مشاعرے میں چلے جاتے ہیں تو ایک عرصے تک کوفت میں مبتلا رہتے ہیں کہ ہم بھی کہاں چلے گئے تھے۔ ان دنوں بعض سیاسی اور سماجی موضوعات کو لے کر جس طرح کی عامیانہ اور سوقیانہ شاعری کی جانے لگی ہے اسے سُن کر اُبکائیاں سی آنے لگتی ہیں۔ ہندی کے کوی سَمیلنوں میں تو اس طرح کی شاعری اب معمول بن گئی ہے۔ اُردو مشاعروں میں بھی اب اس طرح کی سوقیانہ شاعری کا چلن عام ہونے لگا ہے۔ مشاعروں کے گرتے ہوئے معیار کے بارے میں ہم نے اتنا کچھ لکھا ہے کہ اب مزید کچھ لکھنے کو جی نہیں چاہتا۔ ہماری بس اتنی سی گزارش ہے کہ اُردو زبان و ادب کی روایتی شائستگی اور اُردو کلچر کے اقدار کا پاس و

لحاظ رکھا جائے۔ شاعری، محبت اور رواداری کا درس دیتی ہے۔ اُردو شاعری نے کبھی نفرت، کدورت، تنگ نظری وار فرقہ پرستی کو عام کرنے کی روش نہیں اپنائی۔ جگرؔ مراد آبادی بہت پہلے کہہ چکے ہیں:

ان کا جو فرض ہے وہ اہلِ سیاست جانیں
میرا پیغام محبت ہے جہاں تک پہنچے

***

باتیں کتابوں کی

معروف انگریزی ہفتہ وار "آؤٹ لک" کے ادبی سیکشن کی ایڈیٹر شیلا ریڈی کا ایک مضمون رسالے کی تازہ اشاعت میں انگریزی کتابوں کی پبلشنگ کے کاروبار کے بارے میں شائع ہوا ہے جس میں انگریزی ادب سے متعلق کتابوں کی نکاسی اور دیگر اُمور کے علاوہ اس نکتے کو بھی اُجاگر کیا گیا ہے کہ جب ایک نیا ادیب اپنی پہلی کتاب چھپوانا چاہتا ہے تو اسے کیا کیا پاپڑ بیلنے پڑتے ہیں۔ اسی جستجو کے نتیجے میں بعض سینئر اور پختہ کار ادیبوں کو نمایاں حیثیت اور اہمیت حاصل ہوگئی ہے جن کی رائے یا سفارشی کلمات کو نئے ادیب اپنی کتاب کی کامیابی، اس کی فروخت اور ادب میں اس کے مرتبے کے تعین کی ضمانت سمجھتے ہیں۔ چنانچہ بیشتر نئے ادیب، سینئر ادیبوں جیسے خوشونت سنگھ، وی ایس نائپال، سنیل کھلنانی، امرتیا سین اور رسکن بانڈ کے تعاقب میں لگے رہتے ہیں کہ اگر ان کی کتاب کے بارے میں ان مقتدر ہستیوں کے چند کلمات خیر حاصل ہوجائیں تو شاید ان کی کتاب کی نکاسی کی راہیں خود بخود ہموار ہو جائیں۔ ایسی تحریروں کو انگریزی میں Blurb اور اردو میں عموماً توصیفی کلمات یا فلیپ نگاری کہا جاتا ہے۔

یہ تحریریں بظاہر ناقدانہ ہوتی ہیں لیکن بباطن ان کا مقصد کتاب اور صاحب کتاب دونوں کی تشہیر کرنا ہوتا ہے تاکہ بھولے بھالے قارئین ان توصیفی کلمات کے فریب میں آکر کتاب کو خرید لیں اور بالآخر پبلیشر کی تجارتی ساکھ مستحکم ہو جائے۔ اطلاعاً عرض ہے کہ ہم شیلا ریڈی کی تحریریں ہمیشہ بڑے اشتیاق سے پڑھتے ہیں۔ اس کی بھی کئی وجوہات ہیں۔ اول تو یہ کہ انگریزی ادب پر ان کی نظر بہت گہری اور ان کی رائے بڑی معتبر ہوتی ہے۔ دوم یہ کہ حیدرآبادی ہیں۔ سوم یہ کہ دہلی میں ہماری پڑوسن ہیں۔ چہارم یہ کہ اُردو سے انہیں بڑی محبت ہے جس کا ثبوت یہ ہے کہ تین چار سال پہلے ہمارے کرم فرما خوشونت سنگھ کے کہنے پر انہوں نے ہماری معرفت جامعہ ملیہ اسلامیہ کے مراسلاتی اُردو کورس میں داخلہ لیا تھا اور بسا اوقات وہ ہم سے اُردو کے بعض ایسے الفاظ کے معنی بھی پوچھ لیا کرتی تھیں جن سے ہم خود واقف نہیں ہوتے تھے۔ اس بات سے اُردو میں ان کی بڑھتی ہوئی استعداد اور اہلیت کا اندازہ لگایا جاسکتا ہے۔

بہرحال شیلا ریڈی کے اس دلچسپ مضمون کو پڑھ کر ہمیں پتہ چلا کہ انگریزی میں بزرگوں کے توصیفی کلمات کے باعث نوجوان مصنفین کی کتابیں دھڑا دھڑ فروخت ہو جاتی ہیں۔ ظاہر ہے کہ اس مضمون کو پڑھتے ہوئے ہمیں اپنی پیاری زبان اُردو کا بھی خیال آگیا اور بے خیالی میں ہمارا دھیان اس زبان میں ہونے والے اشاعتی کاروبار کی طرف بھی گیا۔ پھر اس کے حوالے سے ہمیں بے ساختہ ابن انشاء کا مشہور

مصرعہ "ہم ہنس دِیئے، ہم چپ رہے، منظور تھا پردہ ترا" نہ صرف یاد آگیا بلکہ ان کا ایک مضمون بھی یاد آیا، جس میں انہوں نے اسی موضوع کو لے کر بزرگ اور مستند شاعر حضرت حفیظ جالندھری سے جو شکایت کی تھی اسے ملاحظہ فرمائیں: "ہمارے مخدوم حضرت حفیظؔ جالندھری کا ایک سرٹیفکیٹ آج کل ایک چورن کے اشتہار کے ساتھ باقاعدگی سے چھپ رہا ہے۔ یہ ایک خط ہے جو انہوں نے اس چورن کے موجد حکیم صاحب کو لکھا ہوگا کہ 'مکرمی! آپ نے جو ہاضمے کی گولیاں تیار کی ہیں، سبحان اللہ! ان سے مجھے بہت آرام ہے، براہِ کرم ایک ڈبہ ان گولیوں کا اور بھیج دیجیے'۔ حفیظؔ صاحب سے اگر ہمیں شکایت ہے تو یہ کہ ہم ان کے بہت قریب رہے ہیں۔ نہایت نیاز مند بلکہ فیضان کے لحاظ سے شاگردِ رشید۔ کئی بار ان سے درخواست کی کہ قبلہ ہماری شاعری کے تعلق سے کوئی سرٹیفکیٹ عنایت ہو، اسی قسم کا کہ میں نے حضرت ابن انشاء کا کلام استعمال کیا۔ اس سے مجھے بہت افاقہ ہے۔ چربی سے پاک ہے اور وٹامن سے بھرپور۔ براہِ کرم اپنے مجموعہ کلام کی دس جلدیں وی پی سے بھیج دیجیے تاکہ بیٹھا پڑھتا رہوں۔ اور استفادہ کرتا رہوں۔ اب صورتِ حال یہ ہے کہ ہماری اپنی سرکیولیشن تو خاصی ہے، جگہ جگہ مارے پھرتے ہیں لیکن اس قسم کا سرٹیفکیٹ نہ ہونے کے باعث ہماری شاعری رہی جا رہی ہے۔ محض اس وجہ سے کہ ہم شعر بناتے ہیں، چورن نہیں بناتے۔ نتیجے میں ہم حفیظؔ صاحب کی نظروں میں بار نہ پاسکے"۔

ابن انشاء کے اظہارِ خیال کے بعد اب ہم اُردو میں اشاعتی کاروبار کے بارے میں اپنی ناچیز رائے کا کیا اظہار کریں۔ دیکھا جائے تو خود ہماری حیثیت بھی ایک سینئر ادیب کی ہو گئی ہے اور یہ کوئی تعلّی نہیں کہ کئی جونیر اردو ادیب ہماری اِک نگاہ التفات کے منتظر رہتے ہیں۔ نہ جانے کتنوں کی یہ خواہش ہوتی ہے کہ ہم ان کے رشحاتِ قلم کے بارے میں کوئی تبصرہ کریں تو نہ صرف ان کی شہرت چار دانگ عالم میں پھیل جائے بلکہ ان کی کتابوں کے نسخوں کی مفت تقسیم کے کاروبار میں بھی دن دونی رات چوگنی ترقی ہو۔ مانا کہ دنیا کی دیگر زبانوں کے ادیبوں کے کتابیں فروخت ہوتی ہیں اور یہ ادیب مال و دولت میں کھیلتے رہتے ہیں لیکن اردو زبان کا ادیب غالباً اکیلا ایسا ادیب ہے جس کی قسمت میں فقر و فاقہ اور توکل و قناعت کی دولت لکھی ہوتی ہے۔ پتہ نہیں اُردو ادب میں یہ جو اتنا سارا اشاعتی کاروبار انجام پاتا ہے تو اس سے ہونے والے فائدے سے کون استفادہ کرتا ہے۔ ہم نے تو اُردو ادیب اور شاعر کو جب بھی دیکھا اس حالت میں دیکھا کہ نہایت عجز و انکسار کے ساتھ اپنی کتابوں کے نسخوں کو اپنے احباب اور صاحبانِ اقتدار و ثروت کے درمیان مفت تقسیم کرتا چلا جارہا ہے۔ بھلے ہی دیگر زبانوں میں کتابیں ہاتھوں ہاتھ لی جاتی ہوں لیکن یہاں تو صرف ہاتھوں ہاتھ دی جاتی ہیں بلکہ ہم تو بعض کثیر التصانیف اُردو شاعروں اور ادیبوں سے صرف اس لئے نہیں ملتے کہ کہیں وہ اپنی کتابوں کا بوجھ ہماری جھولی میں نہ ڈال دیں۔

یہ بھی ایک حقیقت ہے کہ بعض اردو ادیب اور شاعر اپنی عزت و آبرو تک بیچ دیتے ہیں۔ ضرورت پیش آئے تو اپنا ضمیر بھی بیچ دیتے ہیں لیکن اپنی کوئی کتاب نہیں بیچ سکتے۔ حالانکہ موجودہ دور صارفین کا دور ہے۔ یہاں ہر چیز بکتی ہے اور شہرت کے بل بوتے پر مشہور آدمی غیر ضروری اشیاء بھی فروخت کرنے کا اہل بن جاتا ہے۔ آپ نے دیکھا ہو گا کہ ہمارے مشہور اور نامی گرامی کھلاڑی بھلے ہی ایک منزل کے بعد اپنے کھیل میں نام پیدا کرنے کے قابل نہ رہ جائیں لیکن وہ اشیائے تعیش کی فروخت کے معاملے میں بڑے کارآمد اور کارگر ثابت ہوتے ہیں چنانچہ آپ نے ٹیلی ویژن اور اخباروں میں اکثر کھلاڑیوں کو دیکھا ہو گا کہ کوئی ریزر بلیڈ بیچ رہا ہے تو کوئی بالوں کا تیل بیچ رہا ہے، کوئی پنکھوں کی فروخت کے سلسلے میں توصیفی کلمات ادا کر رہا ہے، کپڑے، پریشر کوکر، الیکٹریکل اشیاء، مصالحے، چائے، غرض کون سی ایسی چیز ہے جسے بیچنے میں مشہور و معروف ہستیاں مصروف نہ ہوں۔ اس وقت ہمیں ایک شخصی بات یاد آگئی۔ ہماری چھ سالہ پوتی ہما حسین بعض اوقات بڑی دلچسپ باتیں کرتی ہے۔ ٹیلی ویژن کے اشتہارات کو وہ بہت غور سے دیکھتی ہے اور ان پر عمل بھی کرتی ہے۔ فلمی اداکارہ جوہی چاؤلہ کو وہ بار بار ٹیلی ویژن پر "کُر کُرے" بیچتے ہوئے نہ صرف دیکھتی ہے بلکہ جب بھی دیکھتی ہے "کُر کُرے" ضرور کھاتی ہے۔ ایک زمانے میں جوہی چاؤلہ کی فلمیں بہت مقبول تھیں مگر ہماری پوتی نے اپنی کم عمری کے باعث اس کی کوئی فلم پہلے نہیں دیکھی تھی۔ اس نے جوہی

چاؤلہ کو جب بھی دیکھا "کُر کُرے" بیچتے ہوئے ہی دیکھا۔ ایک بار ٹیلی ویژن پر جو ہی چاؤلہ کی کسی پرانی فلم کی نمائش ہو رہی تھی کہ ہماری پوتی نے حیرت سے جوہی چاؤلہ کو بغور دیکھا پھر بولی: "یہ کُر کُرے بیچنے والی تو اب فلموں میں بھی کام کرنے لگی ہے، کُر کُرے بھی اچھا بیچتی ہے اور ڈانس بھی اچھا کر لیتی ہے!" اصل میں صارفین کے معاشرے میں اب انسانوں کی پہچان بھی گڈمڈ ہو گئی ہے۔ سمجھ میں نہیں آتا کہ شئے زیادہ قیمتی ہے یا انسان۔ چاہے کچھ بھی ہو، ادب بھی اب کاروبار کا حصہ بن گیا ہے۔

شیلا ریڈی نے اپنے اس مضمون میں انگریزی ادب کی کئی مقتدر ہستیوں کے بیانات بھی قلم بند کئے ہیں۔ خوشونت سنگھ کا بیان ہے کہ وہ نئے ادیبوں کی ہمت افزائی کی خاطر بسا اوقات مبالغہ آرائی سے بھی کام لیتے ہیں۔ یوں بھی اشتہار اور توصیفی کلمات میں سچ اور جھوٹ کو الگ الگ کرنا بڑا دُشوار ہوتا ہے۔ دیکھا جائے تو اچھا ادب بھی کبھی پورا سچ نہیں ہوتا۔ جب تک پورے سچ میں تھوڑے سے جھوٹ کو اور پورے جھوٹ میں تھوڑے سے سچ کو شامل نہ کیا جائے ادب، ادب نہیں بن پاتا۔

ماشاء اللہ! اُردو ادب میں اب ہم ایسے منصب پر فائز ہیں جہاں بیٹھ کر ہم نے سینکڑوں نوجوان ادیبوں کی ہمت افزائی یا گمراہی کی خاطر ان کی کتابوں کے پیش لفظ، فلیپ اور تبصرے وغیرہ لکھے ہیں لیکن آج تک کسی ادیب نے یہ نہیں بتایا کہ ہمارے توصیفی اور سفارشی کلمات کے باعث اس کی کتاب کا کوئی نسخہ فروخت بھی

ہوا ہو۔ اُردو ادب کی دُنیا ہی الگ ہے اور اس میں جینے کے انداز بھی مختلف ہوتے ہیں۔ یوں بھی کوئی سینئر ادیب اپنے تو صیفی کلمات میں لاکھ زور مارلے لیکن اگر کتاب میں زور نہ ہو تو وہ کیا کرلے گا۔ ہمیں اس وقت ایک ادیب اور اس کے قاری کی بات یاد آگئی۔ ایک قاری نے کسی ادیب کی کسی کتاب پر اعتراض کیا تو ادیب نے کہا:"میں اس کتاب کا مصنف ہوں، مجھے معلوم ہے کہ اس کتاب میں کیا کیا نزاکتیں ہیں اور تخلیق کے کون کون سے جوہر اس میں پوشیدہ ہیں، تم صرف قاری ہو تم کسی ادبی شہ پارے کی خوبیوں کا اندازہ کیسے لگا سکتے ہو"۔ اس پر قاری نے کہا تھا:"مرغی انڈا ضرور دیتی ہے لیکن اگر اس کے سامنے کئی انڈے ایک ساتھ رکھ دیئے جائیں تو وہ یہ پتہ نہیں چلا سکتی کہ ان میں کون سا انڈا گندہ ہے مگر میں انڈے اور کتاب دونوں کو کھول کر ضرور پتہ چلا لیتا ہوں کہ کون سا انڈہ اور کون سی کتاب گندہ ہے"۔

٭٭٭

عام آدمی کا خط وزیر اعظم کے نام

محترم وزیر اعظم صاحب!

ویسے تو میں ایک عام آدمی ہوں۔ یہ اور بات ہے کہ زندگی میں پہلی مرتبہ اپنے ملک کے خاص الخاص آدمی سے مخاطب ہونے کی جسارت کر رہا ہوں اور یہ جسارت بھی محض اس خوش فہمی میں کر رہا ہوں کہ آج ہی مجھے کسی نے بتایا کہ آپ نے از راہ کرم اس ملک کے سیاست دانوں، صنعت کاروں اور اعلیٰ عہدیداروں سے خواہش کی ہے کہ وہ اس ملک کے عام آدمی کے حالات کا جائزہ لیں اور انہیں (یعنی حالات کو) بہتر بنانے کی کوشش کریں تاکہ عام آدمی کی حالت بہتر ہو سکے کیونکہ جب تک حالات بہتر نہیں ہوتے تب تک عام آدمی کی حالت بھی بہتر نہیں ہو سکتی۔ مجھے اس بات کی خوشی ہے کہ آپ کو بالآخر اس ملک کے عام آدمی کی حالت اور اس کے حالات کا خیال آ گیا کیونکہ عام آدمی تو صرف عام آدمی ہوتا ہے۔ اس کا کوئی نام نہیں ہوتا، اس کا کوئی عہدہ بھی نہیں ہوتا کیونکہ جس کا عہدہ ہوتا ہے، وہ بعد میں خاص آدمی بن جاتا ہے۔ اس اعتبار سے اس کا کوئی خاص پیشہ بھی نہیں ہوتا۔ وہ تو زندگی میں پیشے بدل بدل کر غربت کی سطح سے نیچے جا کر زندہ رہنے کا لمبا تجربہ رکھتا

ہے اور

اس تجربہ سے کوئی فائدہ اٹھائے بغیر ہی اس دنیا سے رخصت ہو جاتا ہے بلکہ اپنے تجربہ کو بھی یہیں چھوڑ جاتا ہے تاکہ اس کی غیرت اور خود داری پر کوئی حرف نہ آنے پائے۔ عام آدمی ایک ایسا بے نام و نشان فرد ہوتا ہے جس کا کوئی اتہ پتہ بھی نہیں ہوتا کیونکہ بیشتر صورتوں میں اس کے پاس اپنا ذاتی مکان بھی نہیں ہوتا۔ یا تو برائے نام کرایہ کے مکانوں میں رہتا ہے، غیر مجاز جھگی جھونپڑیوں میں رہتا ہے یا پھر فٹ پاتھوں اور ریلوے پلیٹ فارموں پر پایا جاتا ہے۔ جس طرح کسی زمانہ میں ہمارے ملک میں خانہ بدوش قبائل رہا کرتے تھے، آج کا عام آدمی بھی بڑے بڑے شہروں کے جنگل میں نہایت منظم انداز میں اپنے گھر کو ہر دم اپنے کندھوں پر اٹھائے پھرتا ہے۔ چونکہ عام آدمی محنت بہت زیادہ کرتا ہے، اس لئے وہ محنت کو ہی اپنا اصل گھر بھی تصور کرتا ہے۔ جیسے رکشا چلانے والا جب بہت تھک جاتا ہے تو رکشا میں ہی پڑ کر سو تا رہتا ہے۔ دیوار بنانے والا مزدور بھی جب تھک جاتا ہے تو اسی دیوار کے سائے میں سو جاتا ہے۔

گویا زمین کو اپنا بچھونا بنا لیتا ہے اور آسمان کو چادر سمجھ کر اوڑھ لیتا ہے، وہ ہر دم جسم و جان کے رشتہ کو برقرار رکھنے اور سانس کے تسلسل کو جاری رکھنے میں کچھ اتنا مصروف اور منہمک رہتا ہے کہ اسے اپنی حالت اور حالات کو بہتر بنانے کی طرف دھیان دینے کا موقع ہی نہیں ملتا۔ ایک وقت کا کھانا اسے ملتا ہے تو وہ دوسرے وقت

کے کھانے کی آس میں پھر سے محنت کرنے لگ جاتا ہے۔ یہی اس کا سلسلۂ روز و شب ہے اور یہی اس کا مقصد حیات بھی ہے۔ یہی وجہ کہ آزادی کے پیسنٹھ برسوں میں اس ملک کے سماج میں بہت کچھ بدلا لیکن عام آدمی بالکل نہیں بدلا۔ یوں لگتا ہے جیسے ہمارا عام آدمی اصل میں پتھر کا ایک مجسمہ ہے جو برسوں سے وہیں کا وہیں کھڑا ہے۔ یہ الگ بات ہے کہ ہمارا عام آدمی جب فرداً فرداً محنت کرتا ہے تو جانفشانی کے سارے ریکارڈ توڑ دیتا ہے لیکن جب سارے عام آدمی مل کر ایک طبقے کی شکل اختیار کر لیتے ہیں تو اجتماعی طور پر یہی عام آدمی پتھر کے مجسمہ میں تبدیل ہو جاتا ہے جو نہ تو آگے جا سکتا ہے اور نہ ہی پیچھے کی طرف کو جا سکتا ہے۔ اسی لئے وہ نہ تو غربت کی سطح سے مزید نیچے جا کر ہمیشہ کے لئے معدوم ہو جانے پر آمادہ ہوتا ہے اور نہ ہی غربت کی سطح سے اوپر اٹھ جانے کی سکت رکھتا ہے۔ ایک طبقہ کے طور پر وہ سچ مچ پتھر کا مجسمہ ہی ہے جو حالات کے شکنجے میں بری طرح جکڑا ہوا ہے، اور اس کی اس حالت کے لئے وہ حالات ہی ذمہ دار ہیں جو اس کے اطراف یا تو پیدا ہو گئے ہیں یا پیدا کر دیئے گئے ہیں۔ لکھ پتی، ارب پتی بن گئے۔ پارٹیاں بدلیں، عقیدے بدلے، اخلاقی اقدار بدلیں، مجرم سیاست دان بن گئے اور وقت ضرورت سیاست دان پھر مجرم بھی بن گئے۔ یہاں تک کہ دوسروں کی بیویوں کو اپنی بیویاں ظاہر کر کے دوسرے ملکوں میں اسمگل کرنے لگے۔ ڈاکوؤں، قاتلوں، ظالموں، اسمگلروں اور جابروں نے اپنے پیشے بدل لئے اور اقتدار کے گلیاروں تک پہنچ گئے لیکن عام آدمی

نے اپنا پیشہ (جس کا دوسرا نام صرف محنت اور عزت کی کمائی ہے) نہیں بدلا۔ اس نے اپنی اقدار نہیں بیچیں، اپنا ایمان نہیں بیچا، اپنی عزت اور خودداری نہیں بیچی، عقیدہ نہیں بیچا، یہاں تک کہ اپنا ضمیر تو کجا اپنا مافی الضمیر بھی نہیں بیچا۔ ایسے عام آدمی کی حالت بدلے تو کیسے بدلے۔ محترم وزیر اعظم! میں ایک عام آدمی ہوں، اسی لئے بہت چھوٹا آدمی بھی ہوں اور اپنے چھوٹے منہ سے بڑی بات کہنے کا اپنے آپ کو اہل نہیں سمجھتا۔ تاہم میں آپ کا تہہ دل سے شکریہ ادا کرنا چاہتا ہوں کہ آپ کو بالآخر عام آدمی کا خیال تو آیا ورنہ عام آدمی تو اس طرح زندہ رہتا ہے جیسے وہ آدمی ہی نہ ہو، کوئی اور مخلوق ہو۔ مجید امجد ایک شعر یاد آگیا:

جو ہم اِدھر سے گزرتے ہیں کون دیکھتا ہے
جو ہم اِدھر سے نہ گزریں گے کون دیکھے گا

آپ نے عام آدمی کا ذکر کر کے عام آدمی کی جو عزت افزائی کی ہے، اس پر ہمیں ایک پرانی بات یاد آگئی۔ چالیس برس پہلے ہمارے ایک ضرورت مند دوست نے ہم سے ۱۰۰/- روپئے اچانک اُدھار مانگے تو ہم خوشی کے مارے اُچھل پڑے۔ بولے: "اگر میرے پاس ۱۰۰/- روپئے ہوتے تو میں تمہیں ۱,۰۰۰/- بھی دے سکتا تھا لیکن میں مجبور ہوں تاہم میں تہہ دل سے تمہارا شکریہ ادا کرنا چاہتا ہوں کہ تم نے مجھے اس قابل سمجھا کہ میرے پاس ۱۰۰/- روپئے بھی ہو سکتے ہیں۔ یہ کوئی معمولی اعزاز نہیں ہے"۔ اتنے بڑے ملک کے وزیر اعظم کو عام آدمی کا اچانک خیال

آ جائے یہ کوئی معمولی واقعہ نہیں ہے۔ ہمیں تو یوں لگتا ہے جیسے ملک کی ترقی کی اس دوڑ میں کسی موڑ پر ہمارے حکمرانوں نے "عام آدمی" کو اس طرح کھو دیا ہے جیسے کسی میلے میں ماں باپ اپنے کمسن بچے کو کھو دیتے ہیں۔ اور یوں "عام آدمی" کو اس ملک کے ناگفتہ بہہ حالات کے حوالے کچھ اس طرح کر دیا گیا جیسے پرانے زمانے کے ایک بادشاہ نے اپنے کسی مصاحب کی بات سے خوش ہو کر اپنا سب سے پسندیدہ ہاتھی اسے تحفہ میں دے دیا تھا۔ بادشاہوں، حکمرانوں اور بڑے لوگوں کے مصاحبوں کو ہم "مصاحب" نہیں بلکہ "مصائب" کہتے ہیں کیونکہ ایسے ہی خوشامدی مصاحب بڑے آدمی کے "مصائب" میں اضافہ کا سبب بنتے ہیں۔

بھرے دربار میں بادشاہ کی جانب سے ہاتھی کا تحفہ پا کر مصاحب خوش تو بہت ہوا لیکن جب اپنی جیب سے ہاتھی کے چارے کا انتظام کرنے کا معاملہ درپیش آیا تو ایک ہفتہ کے اندر اندر خود مصاحب اور اس کے ارکان خاندان کے بھوکوں مرنے کی نوبت آگئی۔ مرتا کیا نہ کرتا، اس نے بڑی خاموشی کے ساتھ ہاتھی کو بیچ کر اپنی جان بچائی مگر مصاحب کو یہ خدشہ بھی تھا کہ ایک دن بادشاہ کو اپنے محبوب ہاتھی کی یاد ضرور آئے گی (جیسے اب آپ کو اچانک عام آدمی کی یاد آ گئی ہے)۔ چنانچہ ایک دن بادشاہ کو واقعی اپنے ہاتھی کی یاد آ گئی اور اس نے اپنے "مصائب" سے ہاتھی کا حال چال پوچھ لیا۔ مصاحب بڑا زیرک تھا اور موقع کی تاک میں تھا۔ اس نے بھرے دربار میں بادشاہ سے دست بستہ عرض کیا:

"ظلِ الٰہی! آپ کا ہاتھی بفضل تعالیٰ خیریت سے ہے اور اس وقت اتفاق سے میری جیب میں موجود ہے"۔ یہ کہہ کر اس نے اپنی جیب سے ایک چوہے کو نکالا اور اسے دربار میں چھوڑ دیا۔ چوہا جب بھاگنے لگا تو مصاحب نے کہا:

"عالی جاہ! یہ ہے تو آپ کا ہاتھی ہی لیکن مجھے غریب کے ہاں چونکہ اسے مناسب غذا نہ مل سکی تو سوکھ کر چوہے میں تبدیل ہو گیا ہے"۔

درباری اس کی بات کو سن کر تالیاں بجانے لگے تو بادشاہ نے غصہ میں آ کر دربار کو برخاست کر دیا۔

محترم وزیر اعظم صاحب! اس ملک میں عام آدمی کا حال بھی بادشاہ کے اس ہاتھی کا سا ہو گیا ہے جو اب چوہا بن چکا ہے۔ ناچیز کو اس بات کا علم ہے کہ ایک مایہ ناز ماہر معاشیات کی حیثیت سے آپ کو عام آدمی کی حالت اور حالات سے گہری دلچسپی ہے اور آپ عام آدمی کے سچے ہمدرد بھی ہیں۔ یہ بھی تسلیم کہ حکومت عام آدمی کی فلاح و بہبود کے لئے کروڑوں بلکہ اربوں روپیوں کی اسکیمات تیار کرتی ہے لیکن جب ان اسکیمات کو روبہ عمل لانے کا مرحلہ آتا ہے تو سارے رہنما، تاجر، عہدیدار، دلال، بچولئے، پیروکار، ٹھیکیدار اور کمیشن ایجنٹ وغیرہ مل کر ان اسکیمات کو قدم قدم پر لیموں کی طرح نچوڑ لیتے ہیں اور جب اس اسکیم کا عملی فائدہ عام آدمی تک پہنچتا ہے تو معلوم ہوتا ہے کہ ایک کروڑ روپئے کی اسکیم مندرجہ بالا مرحلہ وار تقسیم کے بعد عام آدمی تک پہنچتے پہنچتے ایک لاکھ روپیہ کی رہ گئی ہے۔

یعنی ہاتھی کے چوہے میں تبدیل ہو جانے والی بات صادق آتی ہے۔ چونکہ آپ بہت مصروف رہتے ہیں، اس لئے خط کی طوالت کو یہیں ختم کرتا ہوں۔ آپ کا پھر ایک بار دِلی شکریہ کہ آپ نے بالآخر عام آدمی کو یاد کیا۔

* * *

انجمن تلفّظِ اردو کا فوری قیام نہایت ضروری

پچھلی صدی کی چھٹی دہائی کے اواخر میں حیدرآباد میں ایک انجمن قائم ہوئی تھی جس کا نام "انجمن تحفظ اردو" تھا۔ اس وقت اردو کی صورتحال اچھی تھی اور گاہے بہ گاہے اس کا تحفظ بھی ہو رہا تھا۔ رہی اردو الفاظ کے تلفظ کی بات تو اس معاملہ میں بھی صورتحال اتنی سنگین نہیں تھی جتنی کہ آج کل دکھائی دیتی ہے۔ اس کے باوجود نہ جانے کیوں جب بھی اس انجمن کا نام ہماری زبان پر آتا تھا تو پھسل کر "تحفظ اردو" کی بجائے "تلفّظِ اردو" ادا ہو جاتا تھا۔ ہو سکتا ہے ہمارے لاشعور میں یہ بات رہی ہو کہ مستقبل میں جب اردو کے تحفظ کے امکانات معدوم ہوتے جائیں گے تو فطری طور پر اردو الفاظ کا تلفّظ بھی بگڑ جائے گا اور اردو والے اس نوبت کو پہنچ جائیں گے کہ ایک "انجمن تحفظِ تلفّظِ اردو" بھی قائم کر بیٹھیں۔ بخدا آج ہمیں ایسی ایک انجمن کی شدید ضرورت لاحق ہوتی نظر آ رہی ہے۔ ماہنامہ "اردو دنیا" کے ایک شمارہ میں جامعہ ملیہ اسلامیہ کے ایک ریسرچ اسکالر منظر علی کا ایک اہم مضمون "ٹی وی چینلوں میں اردو کا اہم کردار" کے عنوان سے شائع ہوا ہے جس میں ریسرچ اسکالر موصوف نے مختلف ہندی چینلوں سے نشر ہونے والی

زبان کا باریک بینی سے جائزہ لینے کے بعد یہ مژدہ سنایا ہے کہ ہندی پروگراموں میں اردو الفاظ کا نہ صرف بکثرت بلکہ بے دریغ استعمال ہونے لگا ہے۔ یہی نہیں ہندی چینلوں کے پروگراموں کے نام تک اردو لفظیات پر مبنی ہوتے ہیں جیسے "خاص خبریں" "خبروں کی خبر" "جرم" "واردات" "آپ کی عدالت" "روبرو" "رات باقی" اور "گستاخی معاف" وغیرہ۔ اردو ہی نہیں بلکہ ان چینلوں پر عربی کے خالص الفاظ بھی دھڑلے سے استعمال کئے جانے لگے ہیں جیسے "راحت" "دعوی" "وراثت" "بدلہ یا بدل" اور "الوداع" وغیرہ۔ الوداع ایک ایسا لفظ ہے جس کا ہندی میں کوئی متبادل نظر نہیں آتا۔ اس لئے اسے غلط املا کے ساتھ ساتھ ہندی لفظ بنا لیا گیا ہے جیسے "ودائی کرنا" (رخصت کرنا) "ودائی سماروہ" (الوداعی تقریب) وغیرہ۔ ریسرچ اسکالر منظر علی کا کہنا ہے کہ اردو الفاظ تو یقیناً بکثرت استعمال ہو رہے ہیں لیکن ان کے تلفظ کے معاملہ میں سخن گسترانہ بات کچھ اتنی بڑھتی چلی جا رہی ہے کہ بالآخر بات کا بتنگڑ بننے لگا ہے۔ ان کا کہنا ہے کہ جہاں تک ای ٹی وی (اردو) اور دور درشن (اردو) کے پروگراموں کا تعلق ہے یہاں تلفظ کا معاملہ بڑی حد تک گوارا اور تشفی بخش دکھائی دیتا ہے۔ لیکن ہندی چینلوں پر اردو الفاظ کا تلفظ مضحکہ خیز حد تک ناگوار بن جاتا ہے جیسے خبر کو کھبر، نسخہ کو نسکھا، حفاظت کو ہپھاجت، فیصد کو پھیسد کے علاوہ وسیم جعفر کا نام وسیم زاپھر اور ہمارے مشہور و معروف دوست اصغر وجاہت کا نام "اسگر وضاحت" بن جاتا ہے۔ پھر دلچسپ بات یہ ہے کہ ایک ہی لفظ

کا تلفظ کبھی صحیح ادا کرتے ہیں اور کبھی غلط۔ اس سے یہ گمان ہوتا ہے کہ شعوری طور پر یہ لوگ کوشش تو ضرور کرتے ہیں کہ تلفظ کی ادائیگی صحیح ہو لیکن اردو زبان سے نابلد رہنے کی وجہ سے ان سے اس طرح کی غلطیاں سرزد ہو جاتی ہیں۔

غرض منظر علی نے تلفظ کی ایسی ہی کئی دلچسپ مثالیں پیش کی ہیں۔ جی تو چاہتا ہے کہ ہم ایسی ہی مزید مثالیں پیش کریں لیکن ہمارے کالم کی کوتاہ دامنی ان مثالوں کی متحمل نہیں ہو سکتی۔ پھر ہم بھی تو اس معاملہ میں اپنی ناچیز رائے کو پیش کرنے کے لئے بے چین ہیں۔ نصف صدی پہلے اگر ہماری زبان پر "انجمن تحفظ اردو" کا نام پھسل کر "انجمن تلفّظِ اردو" کی صورت میں ادا ہوتا تھا تو اس کا ایک مطلب غالباً یہ بھی نکلتا ہے کہ ہماری زبان بہت پہلے سے ایسی پیشین گوئی کرنے کے قابل ہو گئی تھی کہ ایک دن اردو پر وہ کڑا وقت بھی آئے گا جب اس زبان کا تحفظ تو دور کی بات ہے اس کے لفظوں کا تلفّظ تک خطرہ میں پڑ جائے گا۔ چنانچہ یہ بات آج صد فیصد صحیح ثابت ہو رہی ہے۔ پچیس تیس برس پہلے کی بات ہے، آل انڈیا ریڈیو کے شہرہ آفاق نیوز ریڈر دیوکی نندن پانڈے سے ہمارے بے تکلفانہ مراسم تھے۔ وہ اگرچہ اردو رسم خط سے بالکل واقف نہیں تھے لیکن اردو تہذیب کے پروردہ تھے۔ بات چیت میں جب وہ اردو کے الفاظ (بشمول ثقیل الفاظ) بولتے تھے تو ایسی عمدگی اور روانی کے ساتھ تلفّظ ادا کرتے تھے کہ یوں لگتا تھا جیسے کوثر و تسنیم میں دھلی ہوئی زبان کے اکیلے وارث ہیں۔ فارسی کے شعروں اور عربی کے محاوروں پر بھی اپنا ہاتھ اور

زبان صاف کرتے رہتے تھے اور ہم ان کی عربی دانی پر عش عش اور فارسی دانی پر فش فش کرتے رہ جاتے تھے۔ مجاز، فراق گورکھپوری اور کئی اور شاعروں اور ادیبوں کی صحبتوں کے فیض یاب تھے۔ وہ آل انڈیا ریڈیو سے ہندی خبریں پڑھتے تھے اور شخصی طور پر ہندی خبروں میں نہایت سنسکرت آمیز ثقیل الفاظ کے استعمال کے خلاف تھے لیکن سرکار کی لسانی پالیسی کے آگے وہ کیا کر سکتے تھے۔ ریڈیو کے معمول کے مطابق وہ اپنی خبریں اس جملے سے شروع کرتے تھے "یہ آکاش وانی ہے۔ اب آپ دیو کی نندن پانڈے سے ہندی میں سماچار سنئے"۔ مشہور ہے کہ ایک بار انہوں نے یہ جملہ اس طرح ادا کیا تھا "یہ آکاش وانی ہے۔ اب آپ سماچاروں میں ہندی سنئے"۔ لوگ کہتے ہیں کہ انہوں نے یہ جملہ شرارتاً ادا کیا تھا مگر یہ غلط جملہ کتنا صحیح تھا اس کا اندازہ اس جملہ کی ذہانت اور بندش سے لگایا جا سکتا ہے۔ آج ریڈیو اور ٹیلی ویژن پر سینکڑوں اردو الفاظ غلط تلفظ کے ساتھ ادا کئے جارہے ہیں لیکن کوئی ٹوکنے والا نہیں ہے۔ ابھی پچیس تیس برس پہلے کی بات ہے اردو معاشرہ اتنا سرگرم اور حساس تھا کہ کسی لفظ کا غلط تلفظ سننا تو بہت دور کی بات ہے، اگر ایک شاعر کا شعر کسی دوسرے شاعر سے منسوب ہو جاتا تھا تو یہ معاشرہ بپھر جاتا تھا۔

اس وقت ہمیں دو چشم دید اور گوش شنید واقعات یاد آرہے ہیں۔ ۷۰ء کی دہائی کی بات ہے جامعہ ملیہ اسلامیہ میں اردو افسانہ پر ایک بین الاقوامی سمینار کی افتتاحی تقریب جاری تھی۔ ایک نہایت بارسوخ مرکزی وزیر نے اپنی تقریر میں ایک شاعر

کا شعر کسی دوسرے شاعر سے منسوب کر دیا۔ باقر مہدی جو اپنی بیباکی کے لئے بدنامی کی حد تک شہرت رکھتے تھے، اس تقریب میں موجود تھے۔ فوراً اٹھ کھڑے ہوئے اور کہا "جناب! آپ یہ شعر غلط شاعر سے منسوب کر رہے ہیں۔ تصحیح فرمالیجئے"۔ اس پر وزیر موصوف نے کہا "میں آپ سے بعد میں بات کروں گا" اس پر باقر مہدی نے اپنے مخصوص لہجہ میں کہا "آپ مجھ سے کیوں کر بات کر سکتے ہیں کیونکہ آپ نے مجھ سے نہ تو کوئی وقت مانگا ہے اور نہ ہی میں نے آپ کو کوئی وقت دیا ہے"۔ دوسرا واقعہ بھی کم و بیش اسی عرصہ اور نوعیت کا ہے۔ بمبئی میں ایک ادبی تقریب آراستہ تھی۔ مہاراشٹرا کے ایک مقتدر وزیر نے جن کا طوطی سارے ملک میں بولتا تھا، اپنی تقریر میں کوئی اردو شعر غلط پڑھ دیا تو حسب اندیشہ عزیز قیسی اٹھ کھڑے ہوئے اور بولے "آپ شعر غلط پڑھ رہے ہیں اسے یوں پڑھئے"۔ وزیر موصوف نے کہا "آپ کو تصحیح کرنے کا کوئی حق نہیں پہنچتا"۔ اس پر عزیز قیسی نے کہا "مگر میں نے تو تصحیح کر دی ہے"۔ وزیر موصوف نے برہم ہو کر کہا "اس وقت آپ غالباً نشہ میں ہیں۔ آپ سے بعد میں بات ہو گی"۔ عزیز قیسی نے جواب دیا "میرا نشہ اگر ہے بھی تو کچھ دیر بعد اتر جائے گا مگر آپ اقتدار کے نشہ میں ہٹ دھرمی کا مظاہرہ کر رہے ہیں اور یہ نشہ ایسا ہے جو خود سے نہیں اترتا بلکہ اسے اتارنا پڑتا ہے"۔ یہ وہ دور تھا جب اردو معاشرہ اتنا حساس ہوا کرتا تھا کہ چھوٹی چھوٹی باتوں پر بھی خم ٹھونک کر سینہ سپر ہو جایا کرتا تھا۔

سنا ہے کہ پچھلے دنوں حیدرآباد میں ایک تنظیم کی طرف سے شعر و ادب اور رقص و موسیقی کی ایک محفل آراستہ ہوئی تھی جس میں نامی گرامی فلمی اداکاروں نے ہمارے دو اہم اردو شاعروں کا کلام تلفظ کی بے حد فاش غلطیوں کے ساتھ پڑھا لیکن کسی نے کوئی اعتراض نہ کیا کیونکہ یہ محفل ایک فائیو اسٹار ہوٹل میں منعقد ہوئی تھی۔ اس محفل کا خاکہ کچھ اس طرح کا تھا کہ پہلے تو کوئی فلمی اداکار شاعر کا کلام پڑھتا تھا (چاہے وہ اردو جانتا ہو یا نہ جانتا ہو) بعد میں کوئی گلوکارہ اسے گاتی تھی یا موسیقار اسے ساز پر بجاتا تھا۔ آخر میں یہی کلام کسی رقاصہ کی مدد سے اسٹیج پر ناچا جاتا تھا۔ اتفاق سے اس محفل میں دونوں شاعروں کے فرزندگان بھی موجود تھے۔ ایک شاعر کے فرزند دلبند نے تو احتجاجی بیان دیا البتہ دوسرے شاعر کے فرزند مند بند نے وضاحتی بیان دیتے ہوئے یہ تسلیم تو کیا کہ شعر خوانی میں تلفظ کی فاش غلطیاں رہ گئی تھیں لیکن یہ بھی کہا کہ بعد میں گلوکارہ نے اپنی سحر آگیں آواز اور رقاصہ نے اپنے چٹپٹے اور لذیذ رقص کی مدد سے تلفظ کی ان غلطیوں کو ڈھانپ لیا یا یوں سمجھئے کہ ان غلطیوں کی تصحیح کر لی۔ اس معصومانہ وضاحت پر ہمیں ہنسی آ گئی کہ اب رقص اور موسیقی کو آج کے اردو معاشرہ میں رسم خط کا درجہ حاصل ہوتا جا رہا ہے۔ تاہم تلفظ کی غلطیوں کو رقص و موسیقی کی مدد سے ڈھانپنے کے نادر خیال سے ہی ہمیں وحشت ہونے لگی ہے۔ کیوں نہ ہو ذرا دیکھئے کہ غالب نے اپنے ایک شعر میں "ڈھانپنے" کے عمل کو کیسی فیصلہ کن بلاغت کے ساتھ باندھا ہے۔

ڈھانپا کفن نے داغِ عیوبِ برہنگی
میں ورنہ ہر لباس میں ننگ وجود تھا

اردو معاشرہ پر اب ایسا ہی نزع کا عالم طاری ہوتا جارہا ہے۔ یاد رکھئے کہ جب کسی زبان کے الفاظ کا تلفظ بگڑنے لگتا ہے یا اس کا رسم خط اس سے چھین لیا جاتا ہے تو وہ زبان یتیم و یسیر ہو کر بالآخر تاریخ کے صفحات میں گم ہو جاتی ہے۔ خوب یاد آیا ۱۹۷۲ء میں ہم نے ایک انشائیہ "اردو کا آخری قاری" کے عنوان سے لکھا تھا جس میں ہم نے پیشین گوئی کی تھی کہ اکیسویں صدی کے آتے آتے اردو ختم ہو جائے گی (اگرچہ بعد میں پبلک کے بے حد اصرار پر ہم اس پیشین گوئی سے دستبردار بھی ہوگئے تھے)۔ "شب خون" کے خبر نامہ کے تازہ شمارہ میں ہمارے دانشور دوست اور اردو فکشن کے اہم نقاد سکندر احمد کا ایک انٹرویو شائع ہوا ہے جس میں انہوں نے از راہ عنایت ہمارے مذکورہ بالا انشائیہ کا حوالہ دیتے ہوئے اور ہمارے انشائیہ کے خلاف تردیدی بیان جاری کرتے ہوئے فرمایا ہے کہ "اردو زبان سمٹ نہیں رہی ہے اور نہ سمٹے گی کیونکہ اردو کا سب سے بُرا دور گزر چکا ہے"۔ سکندر احمد ہمارے عزیز دوست ہیں۔ بے شک ہم نے اردو زبان کے انجام کے بارے میں اپنی پیشین گوئی واپس لے لی ہے لیکن ذرا دیکھئے کہ اکیسویں صدی میں جو اردو لُٹ لٹا کر اور اپنی جان بچا کر آئی ہے اس کا تلفظ کیسا ہے اور اس کے رسم خط کا کیا حال ہے؟ اس کی تعلیم کا کیا بندوبست ہے؟ اس کی جس کسمپرسی اور زبوں حالی کا ہم نے اپنے کالم میں ذکر کیا

ہے اس کے پس منظر میں ہمیں یوں لگ رہا ہے جیسے سکندر احمد کا یہ پر امید انٹرویو ہمارے کالم کی تلخی اور یاسیت کو "ڈھانپنے" کی کامیاب کوشش ہے۔

سب سے آخر میں ہم ٹیلی ویژن اور دیگر پروگراموں میں اردو کے ساتھ ہونے والی لسانی چھیڑ چھاڑ کے بارے میں بی بی سی کے معروف براڈکاسٹر رضا علی عابدی کے تاثرات پیش کرنا چاہیں گے۔ وہ فرماتے ہیں "یہ لوگ زبان کے قاتل ہیں۔ ان کی گرفت ہونی چاہیئے۔ اگر کوئی زبان کے ساتھ بد سلوکی کرے تو اس کو سزا ملنی چاہیئے۔ یہ زبان کا زوال اور انحطاط ہے۔ زبان تقدس مانگتی ہے۔ احترام چاہتی ہے۔ زبان کوئی کھیل نہیں ہے"۔ ایک زمانہ تھا جب اردو میں چیزوں کے افشا اور آشکار ہونے کا چلن عام تھا مگر اب "ڈھانپنے" اور چھپانے کا رواج بڑھتا جا رہا ہے۔ معاف کیجئے ہمیں یہاں پھر غالب کا وہی شعر یاد آ رہا ہے جو ڈھانپنے کے معاملہ میں "حرف آخر" کی حیثیت رکھتا ہے۔ اب رہنے بھی دیجئے۔

***